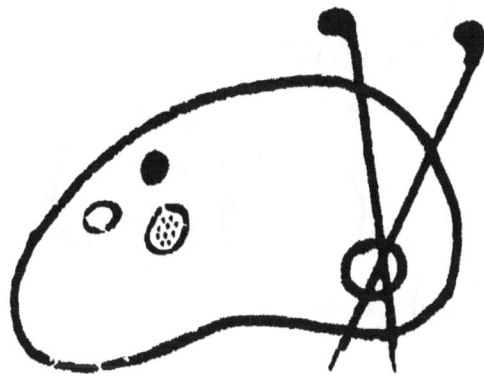

Couvertures supérieure et inférieure
en couleur

COUVERTURES SUPERIEURE ET INFERIEURE D'IMPRIMEUR

Le Roi des Gueux

par
Paul Féral
tome second

LE
ROI DES GUEUX

II

A LA MÊME LIBRAIRIE

ŒUVRES DE PAUL FÉVAL

	fr. c.
Aimée. 1 vol.	1 »
Alizia Pauli. 1 vol.	1 »
Les amours de Paris. 2 vol.	7 »
L'arme invisible et Maman Léo. 2 vol.	2 »
L'avaleur de sabre et Mademoiselle Saphyr. 2 vol.	2 »
Blanchefleur. 1 vol.	1 25
Le Bossu. 2 vol.	7 »
Bouche de fer. 1 vol.	3 50
Le capitaine Fantôme. 1 vol.	1 »
Les filles de Cabanil. 1 vol.	1 »
Talavera-de-la-Reine. 1 vol.	1 »
La chambre des amours. 1 vol.	1 »
Cœur d'acier. 2 vol.	7 »
La cosaque. 1 vol.	» 60
Le dernier vivant. 2 vol.	2 50
Les deux femmes du roi. 1 vol.	1 »
Le drame de la jeunesse. 1 vol.	3 50
La fabrique de mariages. 1 vol.	3 50
Les habits noirs. 2 vol.	7 »
Jean-Diable : 1° Une nuit à Londres; 2° Le château de Belcamp; 3° Le procès criminel. 3 vol.	3 »
Le jeu de la mort. 1 vol.	1 »
La tontine infernale. 1 vol.	1 »
Madame Gil-Blas. 2 vol.	7 »
Les mystères de Londres. 2 vol.	7 »
La pécheresse. 1 vol.	1 25
La province de Paris. 1 vol.	1 »
Le quai de la ferraille. 2 vol.	2 »
Le roi des gueux. 2 vol.	2 50
La maison de Pilate. 2 vol.	2 50
Le roman de minuit. 1 vol.	» 60
La rue de Jérusalem. 2 vol.	2 »
La tache rouge. 2 vol.	7 »
Le tueur de tigres. 1 vol.	3 50
La vampire. 1 vol.	1 »
Le volontaire. 1 vol.	3 50

OUVRAGES DE PAUL FÉVAL, FILS

Le fils de Lagardère (suite du *Bossu*). 2 vol.	7 »
Le collier sanglant. 1 vol.	1 25
Le boucher des dames. 1 vol.	1 25
Le livre jaune. 1 vol.	3 50
Le crime du juge. 1 vol.	» 60

Imprimerie de Poissy — S. Lejay et Cie.

LE
ROI DES GUEUX

PAR

PAUL FÉVAL

TOME SECOND

NOUVELLE ÉDITION

PARIS

E. DENTU, LIBRAIRE-ÉDITEUR

3 ET 5, PLACE DE VALOIS, PALAIS-ROYAL

Tous droits réservés.

LE
ROI DES GUEUX

DEUXIÈME PARTIE
LES MEDINA-CELI

I

ENTRE CHIEN ET LOUP

— A quatre cuartos par famille, on te doit soixante-huit cuartos ou treize réaux et demi. Tends la main! continua Pedro Gil.

Hadjar présenta sa main noire et velue. Pedro Gil, sans la toucher, y laissa tomber six douros en disant encore une fois :

— Voici la paye de la semaine.

Pepe, Nombres et les autres reçurent leur solde à leur tour. Le compagnon de Pedro Gil inscrivait sur ses tablettes les sommes ainsi payées, et ne prononçait pas une parole.

Bobazon se creusait la cervelle et cherchait, de bonne foi, un moyen de se présenter à ces mystérieux comptables pour recevoir aussi son appointement de la semaine.

Pendant qu'il réfléchissait ainsi, une main se posa sur son épaule, et une voix creuse murmura tout près de son oreille :

— Rustre, que fais-tu là ?

Cette main lui parut peser cent livres. Il se retourna plus mort que vif, et vit derrière lui un visage de bronze, dont les yeux flamboyants le couvaient.

Dans les demi-ténèbres qui obscurcissaient encore le fond de la cour, cette apparition prit, pour notre fidèle Bobazon, des proportions gigantesques. Le dicton espagnol prétend que le diable est derrière ceux qui écoutent aux portes. Bobazon se crut tout d'abord au pouvoir du diable. Il y a peu d'esprits forts en Estramadure. Bobazon n'avait pas beaucoup de préjugés au point de vue des idées de propriété : il confondait volontiers le tien avec le mien, par la bonne envie qu'il avait de se créer des ressources sur ses vieux jours ; mais il avait peur du diable.

Par le fait, le personnage dont les doigts de fer pesaient sur son épaule avait en lui quelque chose de démoniaque et de fantastique. Il était grand. Sa peau brune empruntait aux lueurs qui venaient d'en haut des reflets cuivrés. Il portait une robe large d'étoffe moelleuse et sombre ; une écharpe brodée de métal était enroulée autour de son front.

II

LA CHAMBRE DES SORTILÈGES

Bobazon ouvrit la bouche pour pousser un cri de détresse. L'inconnu lui mit un doigt sur les lèvres et l'attira tout à l'autre bout de la cour. Une petite porte basse s'ouvrait non loin de l'entrée du logis du serrurier-maréchal-ferrant. L'inconnu poussa Bobazon, qui se trouva engagé dans un couloir humide et noir comme un puits. Bobazon tremblait de la tête aux pieds, et ses dents claquaient dans sa bouche. Au bout d'une douzaine de pas, l'inconnu lui dit :

— Monte !

Comme notre pauvre ami hésitait, l'inconnu ajouta :

— Tu en as vu et entendu dix fois plus qu'il n'en faut pour te faire pendre... monte !

Hélas ! le père de Bobazon, qui était pourtant un homme sage, ne lui avait jamais parlé de ce revers de médaille. Ecouter aux portes est donc un métier qui peut tourner à mal ?

Bobazon éprouva du pied le sol à tâton. Son soulier de corde rencontra une marche : il monta. C'était un escalier étroit et tournant.

Il entendait son terrible compagnon monter derrière lui.

— Halte ! fit ce dernier quand on eut gravi la première volée.

Puis il ajouta en élevant la voix :

— Ouvrez, monseigneur, voici l'homme qu'il nous faut.

Une porte s'ouvrit en grinçant sur ses gonds, et une échappée de lumière envahit le palier.

Bobazon vit au-devant de lui une chambre assez vaste, où la pâle lueur d'une lampe luttait contre les premiers rayons du jour.

Certes, Bobazon n'avait garde de désobéir ; mais il lui fallut tout le courage que donne la peur pour franchir ce seuil redoutable.

L'imagination de Bobazon n'avait jamais revêtu rien de si effrayant que le spectacle qui s'offrit tout à coup à ses yeux.

Un homme d'une cinquantaine d'années se tenait debout à droite de la porte ouverte. Ce qu'on voyait de son visage était livide, et ses cheveux d'un noir d'encre, où quelques poils argentés se mêlaient, se hérissaient littéralement sur son crâne. Il était coiffé d'un large sombrero, auquel, par surcroît de précaution, pendait un demi-voile de serge noire. Sa main, qui tenait encore le loquet de la porte, avait de courts et involontaires tressaillements.

Du même côté que cet homme, qui était celui qu'on avait appelé monseigneur, il y avait un pêle-mêle étrange d'instruments et d'objets propres à la science cabalistique : des cornues, des quarts de cercle, des sphères, des astrolabes, des lunettes d'approche et un vaste tableau noir couvert de caractères mystérieux tracés à la craie blanche. A gauche, se trouvait une bibliothèque poudreuse, dont les livres, reliés en parchemin jauni, semblaient vieux comme l'art d'écrire.

Au fond, c'étaient deux croisées dont les vitraux avaient dû servir à quelque chapelle. On y reconnaissait ces sujets bizarres affectionnés par les ténébreuses dévotions du moyen-âge : c'étaient les tentations des saints et les sortilèges célèbres.

Une demi-douzaine de vitres de couleur sanglante avaient remplacé les compartiments où devaient se trouver dans l'origine les images de la Vierge et du Sauveur.

Entre les deux fenêtres, une panthère vivante était enchaînée, et immédiatement au-dessus d'elle, deux énormes hiboux perchaient sur deux tiges parallèles en bois d'ébène. Devant chaque fenêtre, il y avait un bahut à jour contenant des serpents, des iguanes et d'autres reptiles empaillés.

Enfin, au centre même de la pièce, sur une table de marbre noir, un cadavre était étendu, la tête pendante, les bras écartés. Le visage du cadavre disparaissait sous ses cheveux.

— Le connais-tu, Moghrab? connais-tu ce paysan pour le charger d'une si terrible besogne? demanda l'homme sous son voile.

— Le mieux que vous ferez en ce moment, monseigneur, répondit Moghrab d'un ton délibéré, sera de vous taire. Vous savez ce que vous vouliez savoir. Pour percer la nuit de l'avenir, nous avons dû nous procurer le cadavre d'un homme mort de mort violente. Nous voulons nous débarrasser de celui-ci, qui a fait son office. Je ne connais pas ce rustre, mais sa vie est à moi, déjà, parce qu'il a surpris une portion de mon secret. Vous venez de lui dire mon nom : cela peut le rendre riche s'il est prudent ; s'il parle, cela le tuera. Tirez votre bourse, monseigneur, et comptez-lui dix pistoles, s'il vous plaît.

Monseigneur jeta la bourse sur la table en détournant la tête avec dégoût.

C'est ici que Bobazon montra qu'on peut être poltron et n'avoir pas de vaines délicatesses. La bourse était tombée sur le cadavre. Il s'en saisit comme d'une proie et recula d'une demi-douzaine de pas, parce que la panthère avait fait un mouvement sur sa paille.

Il se tint le plus loin possible de la table, serrant convulsivement la bourse et regardant tout autour de lui d'un air sournois.

Maghrab fixa sur lui ses yeux ardents et dit :
— Aide-moi !

Il y avait dans un coin de la chambre deux grands sacs posés debout contre la muraille. Moghrab en désigna un à Bobazon et poursuivit :
— Vide les trois quarts du son qui est là-dedans.

Bobazon dénoua la corde qui entourait le col du sac et répandit le son sur les dalles, jusqu'à ce que l'Africain lui eût dit : Assez !

Monseigneur respirait avec effort le contenu d'un petit flacon en métal ciselé. Bobazon n'avait point ce qu'il fallait pour deviner que celui-là devait être un très grand seigneur ; mais, d'instinct, il l'examinait à la dérobée, cherchant à fixer dans sa mémoire le peu qu'on apercevait de ses traits et surtout sa tournure.

L'excellence, ranimée par les subtiles effluves des sels renfermés dans son flacon, s'appuya sur une longue canne incrustée de nacre qu'elle portait à la main, et se dirigea vers la porte en murmurant :

— Voici le jour, mon bon Moghrab... Fais pour le mieux, et compte sur ma protection en cas d'accident... Je vais me retirer.

— Pas encore, repartit l'Africain ; nous n'avons pas fini... Quand il en sera temps, je profiterai de la litière de Votre Grâce.

Sa Grâce ne jugea pas à propos de discuter. Elle s'assit près de la porte et rabattit le lambeau d'étoffe qui lui voilait le visage.

Bobazon se doutait bien de l'usage auquel le sac était destiné. La bourse était dans sa poche, il en sentait le poids, et chacun de ses mouvements faisait agréablement chanter les pièces d'or dont elle était pleine.

C'était, ce Bobazon, une solide nature de rustre résolument avide. Certes, il y a des gens qui partent de très bas et deviennent très riches par des moyens honnêtes. Il y en a. La *Morale en action* affirme que l'économie, le travail, la probité, mènent le plus sûrement à la fortune. C'est notre avis personnel.

Mais peu de gens choisissent cette louable route.

L'homme qui, du fond de sa misère, fait délibérément le premier pas dans le sentier de la fortune est généralement doué de qualités spéciales. C'est un prédestiné : quelque démon le pousse. Il a autour du cou une cuirasse épaisse comme le bouclier d'Ajax, qui était doublé de sept peaux de taureaux. Rien ne l'arrêtera, le scrupule lui restera inconnu, il aura jusqu'au bout le courage de sa passion.

Ceux-là même qui se vantent de n'avoir point de vaine sensiblerie, les gens sérieux, contempleurs éclairés de la poésie et du rêve, les hommes positifs, les preux d'argent qui ont *mieux faict que tous les autres* dans le tournois aux écus, ceux-là même seraient effrayés et stupéfaits en examinant à la loupe l'âme du va-nu-pieds fatalement appelé à l'opulence.

Pour percer comme un dard les épaisseurs superposées des diverses couches sociales, il faut de certaines conditions spéciliques. Le génie monte, il est vrai, comme le plomb tombe, par une mystérieuse loi de gravitation morale ; mais connaissez-vous de nombreux échantillons de génie?

Le talent n'a déjà plus la certitude de cette marche exceptionnelle. Le talent combat ; il peut être vaincu. Regardez autour de vous. Les morts et les blessés du champ clos sont-ils toujours les plus faibles champions?

Pour remplacer le génie, il faut la vocation, qui, par sa nature même, accepte tous les expédients et ne connait aucune répugnance : la vocation ardente et aveugle comme l'amour.

Nulle part, le prix d'un sou n'est coté si haut qu'à la campagne. Les enrichis sont souvent nés au village. Un conquérant de ce genre, né au village, vaut pour la dureté, pour la trempe, pour la sauvage inflexibilité, dix Attilas nés dans les capitales. Cela vient de l'idée que les uns et les autres se sont faite du sou à leur point de départ respectif.

Bobazon, ayant vidé le sac, jeta un regard terrifié sur le cadavre ; mais son épouvante ne l'empêcha pas de sourire en reportant ses yeux sur l'Africain.

Celui-ci prit le sac et le donna à monseigneur en disant :

— Que Votre Grâce daigne le tenir ouvert.

L'homme voilé tressaillit de tous ses membres, mais il ne refusa point la tâche qui lui était imposée. Il élargit l'ouverture du sac à l'aide de ses deux mains, et attendit, dans cette pose vulgaire, le bon plaisir des deux principaux opérateurs.

Ce brave et beau visage de Mauresque n'était pas accoutumé au sourire. Il y eut pourtant autour des lèvres de Moghrab une éclaircie de sarcastique gaîté à la vue de Monseigneur soutenant docilement le sac et en élargissant l'ouverture.

Bobazon indiqua du doigt le cadavre couché sur la table de marbre.

— Est-ce cela ? demanda-t-il.

— Oui, répondit le Maure ; c'est cela.

— Je ne pourrai pas tout seul, reprit Bobazon.

Moghrab répliqua :

— On va te donner un coup de main... Prends les épaules, je tiendrai les pieds.

Bobazon ne se le fit point répéter. Il tourna autour de la table, non sans jeter un regard timide vers la panthère, qui, belle et paresseuse, se pelotonnait sur sa litière. La panthère ne semblait pas se soucier de lui.

Il prit le cadavre par les épaules et le souleva sans effort, car il était robuste. Son raisonnement était simple et précis : finir bien vite sa besogne afin d'emporter bien vite son argent hors de ce lieu maudit.

Le bric-à-brac diabolique qui meublait si étrangement cette pièce l'effrayait encore plus que le corps mort.

Il tenait déjà le cadavre suspendu au-dessus du vide, lorsque la panthère s'étira tout à coup, promenant sa langue énorme et rouge sur son museau moustachu. Le mouvement imprimé au corps envoyait sans doute à ses naseaux des fumets plus actifs, et sa gloutonnerie en était soudainement irritée. Elle miaula, ses yeux s'allumèrent comme deux charbons pétillants, et, d'un seul bond, gracieux et féroce à la fois, elle tendit toute la longueur de sa chaîne.

Sa griffe raya la dalle à deux pouces du talon de Bobazon, qui lâcha prise en poussant un grand cri. Le corps tomba lourdement sur le carreau.

Moghrab porta la main à son poignard.

Monseigneur grommela dans son évidente et naïve détresse :

— Jésus Dieu ! que va-t-il arriver de tout ceci ?

— Dépêche, coquin ! ordonna le Mauresque, nous n'avons pas de temps à perdre !

Bobazon ébaucha un signe de croix, entama une patenôtre, et reprit son fardeau en ayant soin de se tenir à distance respectueuse de la panthère, qui montrait la double et terrible rangée de ses dents. La panthère regagna sa paille en rampant, les deux hiboux montrèrent le blanc de leurs yeux ronds, puis tout rentra dans l'immobilité.

Le corps mort fut introduit dans le sac, la tête la première. Monseigneur tint ferme, quoique sa respiration fût oppressée et que son menton blême eût des tressaillements convulsifs. Moghrab traîna le sac jusqu'au tas de son et se mit à calfeutrer les interstices, de manière à dissimuler, autant que possible, la forme du cadavre. Il fit si bien que les deux sacs se ressemblèrent bientôt parfaitement tous deux, ronds et gonflés comme ceux qui viennent du moulin.

— Charge cela sur tes épaules, ordonna-t-il à Bobazon, en désignant le sac qui contenait le corps.

Bobazon essuya son front, où les gouttes de sueur abondaient.

— Qu'irai-je faire avec un pareil fardeau? demanda-t-il. Je ne connais point la ville de Séville...

— Tu auras ta route tracée... charge!

Cet Africain aux regards étincelants faisait peur à Bobazon presque autant que la panthère elle-même. Dans la pensée de Bobazon, il y avait entre la panthère et l'Africain je ne sais quelle capricieuse affinité. Bobazon trouvait que l'Africain ressemblait à la panthère. C'étaient deux fières et belles créatures, douées chacune de sa grâce sauvage, souples toutes deux, et robustes et cruelles.

Bobazon était vigoureux, lui aussi, comme l'annonçait sa stature courte et trapue; il parvint à mettre en équilibre sur ses épaules le sac qui contenait le mort. Moghrab chargea l'autre sac sur son dos, comme si c'eût été un paquet de plumes.

— Descend le premier, dit-il en montrant du doigt la porte.

Bobazon n'était pas fâché de sortir, bien qu'il fût peu rassuré sur les suites de son aventure. Le jour en effet grandissait ; il devenait malaisé de dissimuler ses actions au dehors.

Moghrab, avant de sortir dit à monseigneur :

— Que Votre Grâce veuille bien m'attendre. Je vais revenir dans deux minutes.

Sa Grâce ne paraissait pas extrêmement flattée de rester seule dans cet antre bizarre, mais il lui fallut faire contre fortune bon cœur.

La porte se referma sur Moghrab et sur Bobazon.

Pendant que Bobazon descendait l'escalier étroit et roide avec toute la prudence dont le ciel l'avait doué, Moghrab était derrière lui, disant :

— Qu'est devenu ton maître ?

— Comment savez-vous que j'ai un maître ? demanda le rustre entre ses dents.

— Je sais tout ! répondit Moghrab avec emphase.

— Alors, vous savez ce que mon maître est devenu.

Ils arrivaient au bas de l'escalier. Bobazon sentit la main de Moghrab sur son épaule. Il s'arrêta.

— Quand tu seras arrivé au lieu où je vais t'envoyer, prononça l'Africain d'un ton sec et emphatique à la fois, je ne te défends pas d'ouvrir le sac et d'examiner à ton aise le visage du défunt... Si tu y mets le soin convenable, peut-être pourras-tu répondre à ceux qui te feront la même question que moi : Qu'est devenu ton maître ?

Bobazon chancela du coup sur ses courtes jambes.

— Est-ce que ?... balbutia-t-il ; saint patron, ce n'est pas possible !... Pourquoi auriez-vous assassiné un pauvre jeune gentilhomme ?...

— Je n'ai assassiné personne, l'ami, riposta l'Africain ; ma loi défend de répandre le sang tout aussi bien que la tienne... Si ton maître est mort, c'est que les rues de Séville sont plus dangereuses que les gorges de vos montagnes d'Estramadure.

— Mort ! répéta Bobazon ; si jeune !

— Marche !... et souviens-toi de ceci : Quiconque se mêle des affaires d'autrui est menacé de malheur !

Bobazon essuya une larme que lui arrachait la fin prématurée de Mendoze. Ayant donné cette marque de sensibilité, il se tourna vers son compagnon et lui dit :

— N'avait-il rien dans les poches de son pourpoint, quand vous retrouvâtes son cadavre ? Je suis l'héritier du pauvre jeune gentilhomme, car il me devait tout son habillement avec six mois de gages environ... Si le don de ma créance pouvait seulement le ressusciter, j'y renoncerais de bon cœur... mais cela ne s'est jamais vu, et j'ai des petits enfants au pays, mon cher seigneur.

Il n'y avait rien au monde de plus célibataire que Bobazon. Ses petits enfants étaient un impromptu.

Moghrab eut un dédaigneux sourire.

— Menteur et mendiant ! murmura-t-il.

Puis il répéta péremptoirement :

— Marche !

Il faisait clair maintenant dans la cour. On ne voyait plus cette lueur derrière les jalousies de la salle basse, dans l'hôtellerie de Saint-Jean-Baptiste. Les deux chevaux n'avaient pas bougé. Ils se tenaient à droite et à gauche de la fontaine, cherchant les brins d'herbe entre les cailloux.

Moghrab établit son sac de son en équilibre sur le dos de l'une des deux bêtes.

— Fais comme moi, dit-il à Bobazon.

Au moment où Bobazon essayait d'obéir, les deux chevaux, flairant le son, vinrent mettre leurs naseaux contre son sac. Bobazon leur témoigna son indignation par deux coups de pied bien détachés.

— Migaja, bête gourmande! s'écria-t-il, Pepino, animal sans cœur! Auriez-vous bien le courage de manger le son où est enterré un gentilhomme de votre pays?... Quoiqu'il me fasse tort de beaucoup d'argent, je ne l'oublierai pas dans mes prières... Tourne, Migaja! tu vas porter le pauvre Mendoze pour la dernière fois.

Moghrab fit un mouvement à ce nom de Mendoze et demanda :

— C'est bien ainsi que s'appelait le jeune hidalgo qui est entré de nuit à Séville avec l'escorte de la duchesse de Medina-Celi?

— Oui, pour son malheur, répliqua Bobazon; il avait élevé ses vues trop haut, le cher enfant, mais je ne parlerai point mal de lui, quoiqu'il ait emporté le pain de ma famille dans la tombe!

L'Africain parut réfléchir. Pendant cela, Bobazon était parvenu à charger son fardeau sur le dos de Migaja. Il demanda :

— Maintenant, qu'ai-je encore à faire?

— Prends tes deux chevaux par la bride, répondit Moghrab.

Il se dirigea en même temps vers la porte de la cour qui donnait sur la rue de l'Infante. Les valets du forgeron ouvraient l'atelier et dressaient les fourneaux.

— L'ami, dit Moghrab en serrant le poignet de Bobazon, as-tu vu parfois crever les outres où l'on renferme le vin nouveau?

— Qui n'a vu cela vingt fois en sa vie !

— Les outres vides durent cent ans, reprit Moghrab; médite cela et tâche d'oublier tout ce que tu as vu, tout ce que tu as entendu ce matin... Tu n'es pas assez fort pour contenir ces secrets et tu crèverais comme l'outre trop pleine... Tâche d'oublier, c'est ton salut... Souviens-toi seulement d'une chose : l'ouvrier est au maître ; le maître n'est pas à l'ouvrier... Quiconque nous sert nous appartient, mais nous n'appartenons à personne...

— Vous... qui? interrogea timidement Bobazon.

— NOUS! répliqua l'Africain avec une étrange emphase ; nous qui étions ici (il désignait du doigt la salle basse de l'hôtellerie), nous qui étions là (il montrait le premier étage de la maison du forgeron), nous qui tenons dans nos mains le maître et le serviteur, le fort et le faible, l'élite et la multitude... nous que tu rencontreras désormais partout sur ton chemin... nous qui n'avons pas de nom et de visage, parce que nos mille formes portent mille noms divers... nous qui mettons la main sur toi, paysan, comme nous mettons la main sur Philippe d'Espagne et ses ministres...

— Seigneur, balbutia Bobazon, j'oublierai...

— Alors, qu'Allah te garde !... Allah ou le Dieu des chrétiens : ceci m'importe peu... Il te reste à savoir ce que tu dois faire de ta double charge. Écoute et ne te trompe pas, sous peine du bûcher.

— Est-ce que j'aurais affaire, sans m'en douter, au très saint tribunal ? balbutia Bobazon.

Cette idée n'était pas aussi extravagante qu'elle peut le paraître au premier aspect. En Espagne, sous les rois de la maison d'Autriche, l'inquisition était comme cette âme universelle qui est en tout et partout. L'Africain, il est vrai, parlait d'Allah, mais il parlait aussi du bûcher.

Bobazon venait de ce pays d'Estramadure près duquel les ténèbres de nos provinces paraîtraient pleines d'éblouissants rayons. Qu'il lui soit donc pardonné d'avoir pensé qu'en fait d'inquisition, et l'un portant l'autre, le bûcher pouvait bien faire passer Allah.

La sombre face du Maure se dérida en un rire sardonique et silencieux.

— Chien ! murmura-t-il, ignores-tu que le très-saint tribunal ne déchire jamais le voile qui couvre ses mystères ?... Ceux qui savent meurent... Veux-tu savoir et mourir ?

Bobazon courba l'échine et joignit ses grosses mains tremblantes dans une attitude de muette supplication.

— Va-t'en ! reprit durement Moghrab ; Si tu rencontres jamais ceux que tu as vu ce matin, je te défends de les reconnaître.

— Votre volonté sera faite, mon digne seigneur.

— Va-t'en !... prends la rue de l'Infante en tenant les deux chevaux par la bride, tourne l'enclos du Sépulcre, traverse la place de Jérusalem, longe la façade occidentale de la maison de Pilate et engage-toi dans la ruelle déserte qui borde les jardins de Medina-Celi... La voie publique est déserte à cette heure, mais si quelqu'un te demandait en chemin : « Que portes-tu ? » tu répondrais : « Je porte du son pour les écuries du roi. » As-tu compris ?

— Oui, mon respecté seigneur.

— Dans la ruelle en question, le mur des jardins de la maison de Pilate est percé d'une poterne, juste en face de l'abreuvoir de Cid-Abdallah, où est l'entrée des tueries du boucher Trasdoblo... Tu déchargeras tes chevaux devant l'abreuvoir, en ayant soin de faire deux traces de son, l'une partant de la poterne de Medina-Celi, l'autre venant de la porte de l'abattoir, toutes deux aboutissant au sac qui renferme le cadavre.

— Et quand cela sera fait, monseigneur...?

— Le plus sage serait de t'aller cacher tout au fond de l'Estramadure. Mais si ta fantaisie est de rester à Séville, fais en sorte que jamais nous n'entendions parler de toi !

— L'Africain tourna le dos à ce dernier mot, après avoir indiqué la porte de la cour à Bobazon d'un geste impérieux.

III

AVENTURES DE BOBAZON

C'était Pepino qui portait le sac plein de son ; c'était Migaja qui avait le corps mort sur le dos.

Il n'en paraissait pas plus fier et ne se doutait pas de l'importance de sa charge. Tous deux avaient, ce matin, une certaine gaieté, fruit de la fraîcheur et aussi de la bonne odeur du son. Pepino essayait de se tenir à la queue de Migaja pour flairer sa charge appétissante ; Migaja, dans le même but, ralentissait le pas, et Bobazon tirait sur les deux brides.

Bobazon allait la tête basse. Ses réflexions étaient mélancoliques. Il distribuait équitablement à Pepino et à Migaja les marques de sa mauvaise humeur.

Dès la porte de la cour, il eut à répondre au forgeron, qui prenait le frais sous son porche et qui lui demanda :

— Combien du sac de son, l'ami ?

— Ils sont vendus, répondit Bobazon, qui passa franc.

Mais, se ravisant, il revint sur ses pas, et demanda en touchant son chapeau :

— Maître, sauriez-vous me dire qui est cet homme qui demeure au-dessus de votre forge et qui a des bêtes féroces dans son logis ?

Le forgeron le regarda avec défiance :

— D'où viens-tu, rustaud, grommela-t-il, si tu ne connais pas Soliman, le physicien de la reine ?

— S'il vous plaît, maître, on souffre donc des païens dans la cité de Séville ?

— Passe ton chemin, rustaud, et va porter ta marchandise à celui qui l'a achetée !

Le forgeron était rentré dans sa boutique.

Bobazon fit comme on lui avait dit : il passa son chemin.

A quelques pas de la maison, il fut croisé par un homme trapu et de courte taille, qui allait le nez dans son manteau. Bobazon s'arrêta pour le regarder, car il croyait reconnaître la tournure de ce mystérieux personnage qui distribuait l'argent de France dans la salle basse de l'hôtellerie.

L'homme parut examiner en passant les deux sacs.

— La besogne est bien faite, prononça-t-il à voix basse, je ne saurais dire lequel est le bon... Mais hâte-toi, l'homme, la ville est éveillée... bonne chance !

Il s'éloigna, rabattant son feutre sur ses yeux.

Bebazon le vit entrer dans la maison du forgeron.

Un esprit tant soit peu romanesque eût assurément fait naufrage parmi ce fouillis d'aventures qui s'ébauchaient autour de lui. C'était comme un océan d'intrigues au milieu duquel il nageait. Mille imbroglios se nouaient çà et là sur sa route, isolés d'abord, puis liés entre eux par des rapports inattendus et bizarres. Il ne pouvait faire un pas sans effleurer une comédie ou un drame dont le prologue le défiait comme une énigme.

C'était, du reste, au plus haut degré le caractère de cette époque frivole et de ce règne posé dans l'histoire comme une effrontée gageure contre le bon sens. Nous n'ignorons pas le danger d'obscurité que nous courons en peignant ce carnaval inquiet, cette *Fronde* en même temps ténébreuse et naïve, mille fois plus tourmentée et mille fois plus puérile surtout que la Fronde française, qui allait bientôt mettre en scène, à Paris, ses personnages héroï-comiques. Le fil si simple de notre récit se brouille et court risque de se casser en parcourant les sentiers de ce labyrinthe ; l'unité de notre histoire se perd dans les détours de ces routes croisées ; mais nous en sortirons, s'il plaît à Dieu, et il nous a paru curieux de montrer au naturel, dans l'écheveau même de ces petites intrigues, crépues comme une chevelure de nègre, l'immense et indigeste charade de la chute de la maison d'Autriche.

C'était ainsi : des efforts burlesques courant en zigzags parmi des péripéties sombres et sanglantes ; une énorme farce jouée par d'innombrables acteurs, et qui glissait parmi ses accessoires le poignard, le billot, la hache et les instruments de torture.

Nous prétendons déduire clairement les faits de notre drame, mais toute autre clarté serait mensonge. Il faut, de nécessité, que le fond de ce tableau étrange reste dans ces teintes à la fois chaudes et voilées de noir qui faisaient vivre les toiles des maîtres espagnols.

Bobazon était précisément l'homme qu'il fallait pour marcher, du pas sûr et imperturbable des ânes, le long de cette marge étroite, toute bordée de fantasmagories. A de certains égards, Bobazon valait le juste d'Horace. Sa vocation d'acquérir atteignait à la taille d'une vertu. Il n'était, à proprement parler, ni intelligent, ni brave, ni clairvoyant, mais il était hautement égoïste.

L'égoïsme isole, abstrait, concentre. L'égoïsme élevé à une certaine puissance est une valeur avec laquelle il faut compter, on l'absence même de toute autre faculté. Avec une idée fixe et une dose convenable d'égoïsme pur, tel balourd fera son trou dans notre humaine cohue comme un boulet de canon.

Bobazon était partagé entre deux sentiments : un vague effroi des menaces de l'Africain et une joie intime provoquée par la possession de la bourse conquise. Ces deux sentiments se modéraient l'un l'autre. Bobazon voulait bien avoir peur pour de l'argent. L'argent gagné lui laissait cet appétit qui vient, dit-on, en mangeant.

Son ambition du moment était de se débarrasser sans encombre de la mission dangereuse qu'il avait, bon gré, mal gré, acceptée.

— Retourner au fin fond de l'Estramadure ! se disait-il ; oh ! que nenni... on gagne ici plus facilement les onces d'or que là-bas les maravédis... Ce coquin de Maugrabin en parle bien à son aise ! La paix, Migaja !... Ah ! Pepino ! mauvais sujet, n'as-tu point de respect pour les dépouilles mortelles d'un chrétien ?

Il tourna l'angle de la rue de l'Infante et longea les terrasses du Sépulcre.

— Trois belles fillettes, pensait-il ; ce Cuchillo est un heureux maraud !... Et l'Anglais ! Vive Dieu ! sans le Maugrabin, j'aurais eu de l'argent de l'Anglais... et peut-être bien que malgré le Maugrabin j'en aurai... Et les deux hommes masqués dans la salle basse ? ah ! ah !... Il faut oublier tout cela, mécréant... Et combien me donnerait le grand inquisiteur si j'allais lui dévoiler tes sortilèges ?... Est-ce pour un motif honnête qu'on a

chez soi des tigres, des serpents, des oiseaux de
nuit et des lézards empaillés ?... Il aura lavé le
sang de la table, mais le corps mort... si j'allais
avec le corps mort ?

Il donna un soufflet vigoureux à Migaja, qui
frottait ses naseaux gourmands contre le sac de
Pepino.

— Si j'allais avec le mort, reprit-il, on m'accuserait peut-être d'avoir fait le coup... soyons prudent... Allons, Pepino! un peu de sagesse! nous
ne pouvons pas garder nos charges tout le jour...
Il faut que je vous vende, mes deux pauvres bêtes ;
vous me rappelez des souvenirs trop cruels !

Il poussa un gros soupir, où il y avait peut-être
un atome de regret sincère.

Les marchands de légumes traversaient en procession la place de Jérusalem. Bobazon passa sans
prendre langue et s'engagea dans la ruelle qui
bordait les jardins de la maison de Pilate. La
ruelle était déserte. Au bout de quelques pas,
Bobazon entendit qu'on marchait derrière lui. Il
se retourna. Deux alguazils se glissaient le long
du mur.

— Messeigneurs, demanda Bobazon de son air
le plus innocent, suis-je bien sur la route de l'a-
breuvoir de Cid-Abdallah ?

Les alguazils se rapprochèrent de lui. L'un
d'eux lui toucha la main d'une certaine manière,
figurant sur la paume une croix de Saint-André.

— Bien, bien, fit Bobazon, qui cligna ses petits
yeux gris ; je vois que vous en êtes... Eh bien !
donc, c'est moi qui porte le son pour l'écurie du
roi.

— A quel jour de la lune sommes-nous ? demanda l'alguazil sans lui lâcher la main.

Bobazon se dégagea par un brusque mouvement et haussa les épaules avec mépris.

— Mes maîtres, leur dit-il, sur la lune et le reste j'en sais peut-être plus long que vous... Allez à vos affaires... et si vous passez devant la potence, comptez vos pendus !

— Je ne sais pourquoi tu parles de cela, l'ami, répondit gravement l'alguazil, qui se signa ; on a en effet volé un corps à la potence, là-bas, à la porte de Xérès... M'est avis que tu dois bien avoir là-dedans deux cents livres de poudre à canon ?

Bobazon se mit à rire.

— Gardez seulement l'entrée de la ruelle, dit-il en affectant un air mystérieux ; — nous verrons bientôt du nouveau, s'il plait à Dieu.

Il reprit sa route en sifflant une complainte des montagnes. Comme il vit que les deux alguazils le suivaient de l'œil d'un air indécis et restaient à la même place, il leur cria de loin :

— A quoi bon la poudre sans les mousquets ? On a besoin de vous à la Barbacane.

Un double *merci* traversa l'espace et les alguazils redescendirent la ruelle à toutes jambes.

On se rappelle que Bobazon jouissait de sa liberté depuis la veille au matin. Il avait passé toute sa journée du dimanche à parcourir la ville de long en large, le nez au vent, évitant avec soin toute occasion de dépense.

Deux choses l'avaient frappé particulièrement :

En première ligne, la potence royale plantée sur la place de la Carne. Elle supportait deux patients, et la foule assemblée parlait d'un troisième qui avait dû être décroché la nuit.

En second lieu, l'admiration de Bobazon avait été excitée par les marchands de zandías ou melons d'eau, à la Barbacane (Bab-el-cana, porte du mont).

Pendant que Bobazon, émerveillé, mesurait la prodigieuse hauteur des pyramides que les marchand construisent à l'aide de ce fruit, un polisson, peut-être Maravedi ou Cornejo son collègue, ayant essayé de dérober une des pastèques rangées à la base du plus haut obélisque, il y eut un éboulement, et la montagne entière croula.

Bobazon vit avec étonnement des canons de mousquets apparaitre sous les melons...

Ces deux faits majeurs lui étaient revenus à l'esprit, dans son embarras, et il les avait lancés au hasard, selon le système des rustres de tous les pays, qui croient avoir bataille gagnée quand on n'a pu les réduire au silence.

Bobazon n'avait donc point tout à fait parlé à l'aventure, mais il n'avait aucune raison pour penser que ses paroles décousues produiraient un si grand effet sur les alguazils. Son succès inespéré le laissa littéralement abasourdi. Il se gratta le front à deux mains et récapitula de son mieux les quelques paroles échangées pour y chercher le mot de cette nouvelle énigme.

— Un mort volé à la potence, murmura-t-il, c'est moi qui ai dit cela... Eux, ils ont parlé de deux cents livres de poudre à canon... Des mousquets... c'est moi... Saint patron ! il y a anguille sous roche... Et à quel jour sommes-nous de la lune ? Le diable s'y perdrait !

Popino et Migaja, les affamés, broutaient déjà l'herbe poudreuse qui essayait de croître le long des murs.

— Que dites-vous de ceci, vous autres ? continua Bobazon en s'adressant à eux ; — vous n'en dites rien ? Et que vous importe ! Ces brutes sont heureuses... moi j'ai ma charge de secrets d'État auxquels je ne comprends rien... Damné pays, où l'on marche dans les mystères jusqu'à la cheville ! Allons, Popino, fainéant !... En route, paresseux de Migaja !

Comme il reprenait sa marche, il entendit un bruit de voix et d'éclats de rire dans le jardin de la maison de Pilate, dont les beaux ombrages s'étendaient à gauche de la ruelle. Le mur finissait à quelques pas de là et se remplaçait par une grille qui donnait point de vue sur les ruines de la Cartaja, ancien couvent de la règle de saint Bruno, au-dessus duquel à l'horizon nuageux, se dessinaient vaguement les cimes pourprées de la Sierra-Morena.

Bobazon jeta son regard curieux entre les deux premiers barreaux de la grille. Il vit un jeune homme très pâle et portant le bras en écharpe, qui causait avec une fillette.

— Charmante Encarnacion, dit-il, vous êtes cent fois, vous êtes mille fois plus belle que votre maîtresse... J'aime bien mieux votre sourire espiègle que la fade régularité de ses traits... Vous plaît-il d'avoir la bague que je porte au doigt ?

— Ne voulez-vous point la garder pour votre fiancée, seigneur comte ? demanda la soubrette avec moquerie. Si quelqu'un voyait le seigneur don Juan de Haro courir après une pauvre suivante comme moi, au lieu de rester dans son lit à soigner sagement sa blessure...

Don Juan réfléchit.

— Tu as raison, ma belle, dit-il en prenant un tout autre ton; ce n'est pas pour te conter fleurette que je suis venu dans ce vieux logis qui va changer de maître. Puisque tu parles de ma blessure, occupons-nous de celui qui l'a faite. Connais-tu ce jeune campagnard, don Ramire de Mendoze?

Bobazon se fit petit derrière sa grille et ouvrit pour le coup ses oreilles toutes grandes.

— Voilà donc pourquoi mon pauvre maître a été pendu! pensait-il; mais les saltarines disaient tout à l'heure que cent onces d'or seraient comptées à celui qui livrerait le meurtrier de ce Juan de Haro que voici frais et bien portant!... Donnerait-on les cent onces pour le cadavre que j'ai dans mon sac?... Ils me grilleraient plutôt quand ils verraient le trou qui est à la place du cœur... Et que pourrais-je dire?... Le mécréan d'Africain s'en est servi pour ses sortilèges. Voyez pourtant comme les histoires s'apprennent! Celle de mon maître m'est venue pièce par pièce... Doucement, Migaja! tu vas nous faire découvrir, bête damnée! Le Maugrabin m'a appris que le cher jeune homme était défunt; l'alguazil, qu'on avait volé un pendu à la potence; les saltarelles, que ce mignon de Palomas avait reçu un méchant coup; le mignon, que ce coup lui venait de mon pauvre jeune maître... Je jure bien par mon saint patron que l'amour ne me fera jamais faire de folies!...

Encarnacion avait cependant consenti à descendre de son tertre. La bague du comte Palomas brilla bientôt à son doigt.

— Qui donc connaîtrais-je, sainte Marie! s'écria-t-elle, si je ne connaissais pas l'hidalgo d'Estramadure?... Je vous fais juge, seigneur don Juan : doit-on garder le secret qui ne vous fut point confié?

— Non certes, décida Palomas.

— Eh bien donc, soyez heureux en ménage, noble comte, c'est le souhait que je forme en votre faveur... ma maîtresse est une fille sage... Il y avait cinq palmes entre son balcon et le sol. Le jeune Ramiro est timide et sot comme nos colombes montagnardes... Il n'aurait pas osé seulement se dresser sur la pointe des pieds pour lui serrer la main.

— Mais il venait?

— Oh! certes... toutes les nuits.

— Il parlait?

— Comme un roman de chevalerie.

— Et ta maîtresse l'écoutait?

— Mère des anges! avec bien du plaisir.

— S'est-il approché d'elle pendant la route?

— Il n'eût osé... Je crois qu'il se cachait de certain rustre, sale, lourd, ignoble et stupide, qui lui sert de valet.

— Ah! coquine effrontée! pensa Bobazon, qui eut, ma foi, le rouge au front, oses-tu parler ainsi d'un honnête garçon, toi, âme vénale, cœur perverti?... Je voudrais t'inspirer, un jour venant, de l'amour, misérable fille, afin de te torturer par mes froideurs!

— Et depuis votre arrivée à Séville, reprit don Juan, l'a-t-on vu rôder sous les balcons?

— Vous le savez bien, seigneur, répliqua la soubrette, puisque c'est en quittant sa faction qu'il vous a donné ce bon coup d'épée.

— Peuh! fit le comte, — une égratignure.

Ils descendaient le sentier qui menait à la grille. Bobazon fut obligé de reculer pour se mettre à l'abri derrière l'angle du mur. Sans cela il aurait été aperçu inévitablement.

Il ne voyait plus les deux interlocuteurs, mais il ne les entendait que mieux, car ils étaient maintenant tout près de lui.

Le comte de Palomas demanda encore:

— La nuit dernière est il venu?

— Pour cela, non, répliqua la soubrette. Aussi on a bien pleuré.

— Par tous les saint du paradis! s'écria don Juan, qui éclata de rire, au moins je n'épouse pas chat en poche! je sais à quoi m'en tenir... Quant au bel hidalgo, ma mignonne, il ne viendra plus.

— Il faut donc qu'il soit mort! dit Encarnacion.

— Sans doute qu'il fut répondu par un geste seulement, car Bobazon n'entendit aucune réplique.

Le comte reprit après un silence:

— Quand Isabel sera ma femme, répéteras-tu devant témoins ce que tu m'as dit de ses entrevues nocturnes avec ce rustique galant?

La voix était déjà si éloignée que Bobazon put se remettre à son poste d'observation. Il y arriva pour voir don Juan et sa compagne tourner un massif de citronniers et disparaître derrière la verdure sombre et luisante.

Les derniers mots d'Encarnacion furent ceux-ci :
— Que me donnerez-vous si je parle ?

Nous ne saurions exprimer combien la vénalité de cette créature inspirait à Bobazon de répugnance et de dégoût.

— Hein ? Migaja, grommela-t-il en revenant à ses chevaux, voilà une âme corrompue ! As-tu entendu, Pepino ?... si l'on allait raconter tout cela au bon duc qui est nouvellement revenu ?... A chaque instant notre arc prend une corde de plus... Vive-Dieu ! avec ce que je pêcherai ici en eau trouble, je veux acheter tout le terrain qui est entre la Mabon et la Sierra. Bonifaz sera mon vassal, le vieux radoteur... et les bonnes gens du pays viendront me voir dîner par les fenêtres !

Vous voyez bien qu'au fond il avait son genre de générosité, ce Bobazon. Ce n'était pas un Harpagon. Il prétendait faire bonne chère.

Il avait hâte désormais d'achever sa besogne et d'arrondir sa bourse par la vente des deux chevaux. L'abreuvoir de Cid-Abdallah devait être éloigné à peine de quelques centaines de pas. Il souffleta les oreilles de Migaja pour lui donner du nerf, et offrit à Pepino un de ces bons coups de pied qu'il n'épargnait jamais. La caravane reprit sa marche.

C'était un sentier étroit, silencieux et désert. Le soleil, frappant d'aplomb, ces murs blanchâtres et ce sol aussi aride que le torchis, arrivait à produire une lumière véritablement éblouissante. On ne pouvait fuir ces rayons qui venaient de droite et de gauche, d'en haut et d'en bas, multipliés par eux-mêmes en quelque sorte et poursuivant le regard dans toutes les directions.

Si la nuit évoque les fantômes, l'excès de la clarté produit les hallucinations et les mirages, autre genre de fantastique. Tout en suivant cette route solitaire baignée d'incandescents rayonnements, Bobazon songeait à Ramire, et le sac inerte qui renfermait le cadavre du malheureux jeune homme lui semblait parfois tressaillir comme si un choc intérieur en eût secoué la toile.

Le plein jour fait de tout rustre un esprit fort, Bobazon haussait les épaules et se raillait lui-même. Toutefois sa pensée allait s'assombrissant et s'accoutumant aux vagues terreurs que soulèvent les événements surnaturels.

Souvenez-vous qu'il sortait de cette chambre, au premier étage de la maison du forgeron, et que dans ce réduit étrange son courage avait bien été déjà un peu entamé.

La fontaine mauresque appelée l'abreuvoir de Cid-Abdallah était une ruine de grand style, située au milieu d'une place assez étendue, où l'on apercevait encore çà et là des vestiges d'habitations. Il y avait eu là autrefois un caravansérail et tout un grand quartier descendant vers la basse ville. Le fameux incendie de 1328 avait mis ces demeures au niveau du sol. Le mouvement de Séville chrétienne s'était porté ailleurs. Sauf les anciens jardins de Cid-Abdallah, occupés en partie par les derrières de la boucherie Trasdoblo, quelques décombres poudreux témoignaient seuls de l'importance passée de ce lieu.

L'abreuvoir présentait l'apparence d'une vaste coupe de marbre rouge posée à terre et d'une forme légèrement allongée en ovale. Au centre, trois lions acculés étaient chargés de vomir trois jets d'eau par leurs naseaux largement ouverts. Le temps avait fait grand tort à cette disposition monumentale. Les trois lions, réduits à un lamentable état, n'étaient plus guère que d'informes débris. Les anciens tuyaux qui portaient l'eau à leurs gueules, crevés ou obstrués, ne fonctionnaient plus. En revanche, des citronniers sauvages et des bigaradiers avaient poussé dans les interstices de la maçonnerie, et, favorisés sans cesse par la fraîcheur de l'eau, présentaient une large touffe de verdure au milieu de cet aride désert.

L'eau elle-même s'était frayé un nouveau chemin; elle coulait, limpide et abondante, entre les pattes du dernier lion qui fût resté debout.

A gauche de l'abreuvoir s'élevait le mur des jardins de Pilate, la poterne annoncée par Moghrab était juste en face de la fontaine. A droite, à une distance d'une cinquantaine de pas environ, se voyait la porte de l'abattoir de maître Trasdoblo, dont l'enclos faisait un retour et fermait la place du côté du nord.

En avant de la fontaine, sur la droite aussi, la ruelle s'ouvrait tout à coup sur de grands terrains vagues, arides, qui rejoignaient les faubourgs en traversant une portion de la ville inhabitée et désolée.

Ce fut de cet endroit caractéristique et tout inondé d'une lumière torride que surgit pour

Bobazon l'apparition étrange, inouïe, invraisemblable qui devait terminer la première série de ses aventures dans la capitale andalouse.

Il venait d'atteindre l'abreuvoir et de baigner son front dans cette eau claire et fraîche. Son esprit, tout à l'heure un peu agité, avait repris son calme. En somme, la solitude de ce lieu le servait. Pour accomplir la besogne équivoque à lui imposée par le Maugrabin, il n'avait certes pas besoin de compagnie.

Le silence le plus complet régnait, soit dans les jardins de Medina-Celi, soit dans l'établissement du boucher Trasdoblo, qui semblait dormir encore. Au loin, les bruits de la ville s'étouffaient. Nul pas ne sonnait aux environs du sentier.

L'heure était favorable.

Bobazon, après s'être rafraîchi le visage et les mains, monta sur la margelle de marbre, afin de décharger Migaja, qui contenait le sac portant le corps du malheureux Mendoze, perdu à la fleur de l'âge. Il comptait, selon ses instructions, déposer le cadavre près de la fontaine et ouvrir le second sac pour faire ces deux traînées de son dont l'une devait rejoindre la poterne de la maison de Pilate, l'autre, la porte de derrière de l'établissement de maître Trasdoblo.

C'était là une diabolique idée de l'Africain. Bobazon en comprenait vaguement la double perfidie; mais, en ce moment, Ramire occupait exclusivement sa pensée. En déchargeant le sac, il sentait au travers du son les formes du cadavre, et, malgré la chaleur croissante, la sueur qui inondait ses tempes était froide. Ses pensées, malgré lui, tournaient au funèbre. Il avait contribué à ce voyage au bout duquel Ramiro avait trouvé la mort. Si près du cadavre encore chaud, il avait spéculé sur l'héritage. Il se sentait de vagues effrois dans l'âme, et, pour tromper sa peur, il causait, selon son habitude, avec les deux chevaux dont il enviait la tranquillité.

— Quoi donc! disait-il, — quel mal cela peut-il faire à un défunt? Est-il encore capable de se servir de toi, Migaja?... et de toi, Pepino?... En vous vendant à quelque bon bourgeois de Séville, quel tort puis-je lui causer?... La simple raison dit que tout cela lui est bien égal ; une chose qui lui importe, à ce pauvre jeune homme, ce sont les prières. Eh bien! je lui ferai chanter une messe... Sur mon salut, je le ferai ! et peut-être même que je m'arrangerai de manière qu'il ait une tombe en terre sainte... Voilà une idée chrétienne. Pepino, boiras-tu toute la fontaine, ivrogne?... Ne bouge pas, Migaja!... ce sac est lourd comme s'il était rempli de péchés mortels!...

Il était parvenu à faire glisser le sac sur le dos du cheval. Par une sorte de pieux scrupule auquel la solitude n'était pas étrangère, il lui répugnait de faire tomber lourdement sur le sol ces dépouilles chrétiennes. Il voulait y mettre des formes. Dans son opinion, en quelque sorte, il rendait ainsi les derniers devoirs à ce pauvre Mendoze.

Mais les meilleures intentions sont souvent mal récompensées. Pendant que Bobazon se livrait à ce soin vertueux, il se sentit frissonner tout à coup de la tête aux pieds. Un bruit de pas se faisait dans les terrains vagues.

On ne voyait encore personne à cause des pans de muraille disséminés dans la poudre du quartier détruit ; mais les pas approchaient.

Dans son trouble, Bobazon laissa échapper le sac, qui bascula et tomba en sonnant lourdement sur le sol desséché. Le sac s'était retourné dans sa chute. La partie qui pesait naguère sur le dos du cheval se présentait maintenant à la vue. Ce trou hideux que les pratiques païennes du Maugrabin avaient laissé à la place du cœur avait suinté sans doute, car une large tache d'un rouge noirâtre se montrait à la surface du sac.

Et les pas approchaient.

Il parut impossible à Bobazon que personne pût se tromper sur la nature de cette tache humide et rouge. Cela dénonçait hautement le cadavre. C'était comme si le cadavre lui-même, eût déchiré la toile du sac pour montrer à nu sa poitrine vide.

Un éblouissement passa devant les yeux de Bobazon. Sa tête tourna sur sa nuque endolorie. Il fut obligé de se maintenir aux lèvres du bassin pour ne point tomber lui-même, tant la pesanteur de son front l'attirait en avant.

Nous n'irons pas jusqu'à dire qu'il eût rendu en ce moment de bon cœur les pièces d'or de la bourse pour être tiré de peine ; mais il aurait peut-être donné une demi-douzaine de réaux sans trop se faire prier.

Que cela soit pour les lecteurs la mesure de sa détresse.

Depuis qu'il se connaissait, Bobazon, sauf pour le manger et le boire, n'avait jamais rien donné.

Le bruit de pas devenait de plus en plus distinct. Malgré l'engourdissement qui tenait ses membres, Bobazon essaya de retourner le sac afin de cacher au moins la tache accusatrice. Mais le sac était lourd. Bobazon ne put le soulever. Il chancela, et des feux se prirent à danser capricieusement devant ses paupières.

Migaja et Pepino, qui n'étaient plus retenus et se sentaient libres de tout fardeau, s'en allaient déjà de compagnie, la tête basse et traînant leurs licous entre leurs jambes à la conquête de quelques touffes d'herbe maigres qui poussaient à l'ombre du mur de Trasdoblo.

Bobazon n'osait les rappeler. Il avait frayeur du son de sa propre voix.

Ses yeux effarés cherchaient un refuge.

Il aperçut, au coude du sentier qu'il venait de parcourir, deux formes humaines qui se glissaient le long des jardins de Medina : deux faces hâves et poilues sur deux corps déhanchés vêtus de guenilles aux couleurs éclatantes, regards avides et brûlants, allure de bêtes fauves.

Comme ses yeux effrayés s'attachaient à ces deux chacals à visage d'homme, un mouvement se fit dans les sables blanchâtres du quartier incendié. Bobazon tourna ses regards de ce côté et se crut le jouet d'un songe.

Dans ce champ une apparition eut lieu pour lui, aussi bizarre, aussi fantastique que celles qui surgissent de l'ombre aux pâles lueurs de la lune.

C'étaient deux jeunes filles, merveilleusement belles, dont les cheveux baignés de sueur ruisselaient jusque sur leurs épaules demi-nues. L'une était brune, l'autre avait des boucles blondes sur une peau plus blanche que le satin.

Bobazon n'eut pas le temps d'admirer en détail leurs visages ni leurs costumes. Sa terreur allait grandissant. Les deux jeunes filles tenaient dans leurs mains délicates et gracieuses les bâtons d'une chaise de forme massive, en bois d'ébène et tendue de noir. Par la portière, Bobazon apercevait le pâle visage d'un cavalier, dont les moustaches retroussées lui semblaient longues et tranchantes comme des glaives.

Deux jeunes filles portant une litière ! et dans la litière un soldat ! Bobazon pressa ses tempes à deux mains. Il se crut fou.

Il fit un effort désespéré pour lui. Il se traîna sur ses genoux et sur ses mains le long des bords de l'abreuvoir. Il invoquait son patron et tous les saints du paradis ; il ordonnait à Satan de se retirer de lui : *Vade retro !* il enfilait à la suite l'un de l'autre tous les lambeaux d'oraison qu'il avait dans la mémoire.

Au moment où il tournait l'abreuvoir, dont les saillies allaient lui faire un abri momentané, il risqua un dernier regard en arrière. La litière était arrêtée à l'ombre d'un pan de mur ; les deux belles filles riantes et animées étanchaient leurs chevelures, qui ruisselaient de sueur ; la portière de la chaise s'ouvrait pour donner passage à un brillant seigneur élégamment costumé.

Mais Bobazon ne vit guère que sa longue épée à l'acier de laquelle le soleil arracha une gerbe de fugitives étincelles.

Ces étincelles blessèrent les yeux de Bobazon comme une menace.

Il tourna les yeux ves les deux hommes déguenillés qui venaient par le sentier conduisant à la place de Jérusalem.

Ceux-ci avançaient toujours cautelousement. A leurs mouvements, Bobazon devina qu'ils avaient aperçu les deux sacs au bord de l'abreuvoir.

Son épouvante lui rendit quelque force. Il dépassa le profil de la piscine, et, sûr désormais de n'être plus aperçu, il rampa jusqu'au mur de la boucherie, derrière lequel il trouva les deux chevaux qui broutaient avec avidité.

— Viens! Migaja, dit-il doucement et d'un ton de supplication; viens, Pepino, mon ami... approchez, mes agneaux, approchez!

Son dessein bien arrêté était d'enfourcher une de ses bêtes et de détaler ensuite au triple galop.

Mais Migaja et Pepino étaient dans des dispositions diamétralement contraires. Ils avaient chaud, ils avaient faim. Ils tenaient à leur étroite marge d'ombre et au fourrage étique dont les gratifiait leur bonne étoile. Leur dessein, quoique les bêtes, dit-on, n'aient point de raisonnement, était aussi parfaitement arrêté que celui de Bobazon. Ils prétendaient profiter de l'aubaine et tondre l'herbe du sentier jusqu'au dernier brin.

Les prières et les exhortations de Bobazon n'obtinrent aucun succès. Les damnés chevaux semblaient deviner qu'il était hors d'état de les poursuivre. Ils s'éloignaient pas à pas, faisant honneur à leur provende et ne perdant pas un coup de dent.

Bobazon s'affaissa contre le mur et resta immobile, se confiant à la garde des saints.

Il entendait des gens qui allaient et venaient. Outre l'excès de sa fatigue, il n'osait plus bouger, tant il craignait de révéler sa retraite.

Au bout de dix minutes, le bruit cessa du côté de l'abreuvoir.

On ne voyait plus la litière ni les deux jeunes filles.

Les deux sacs de son avaient disparu.

Un homme était à cheval, juste en face de lui, sur le mur de clôture des jardins de la maison de Pilate.

Bien que cet homme tournât le dos, Bobazon, du premier coup d'œil, le reconnut pour le seigneur qui naguère était descendu de la chaise attelée de ces deux étranges porteurs, la belle brune et la jolie blonde.

Il l'eût reconnu rien qu'à l'éclair que le soleil faisait jaillir de la garde d'acier de son épée.

Il avait l'air, ce seigneur, de guetter le moment favorable pour sauter de l'autre côté de la muraille. Quelqu'un sans doute le gênait dans les jardins de Medina. Il attendait.

Les yeux de Bobazon ne pouvaient se détacher de lui. Bobazon n'eût point su dire pourquoi il avait une impatience extraordinaire de découvrir son visage. Il se faisait des reproches; il se disait :

— J'ai pourtant bien autre chose à penser : ma sûreté d'abord, et mon pauvre maître Mendoze que ces coquins ont volé pour le faire servir encore à quelque maléfice...

Mais c'était comme un charme qui clouait ses regards à cette taille svelte, à cette tête coiffée de bruns anneaux, à cette épée qui ressemblait...

Par les cinq plaies ! elle ressemblait à l'épée de Mendoze lui-même !

Et cette taille, et cette chevelure...

Si les morts pouvaient ressusciter...

Le jeune gentilhomme se retourna, parce que Bobazon avait fait du bruit en trébuchant contre un caillou.

Bobazon poussa un grand cri et se laissa choir sur le sol. Il mit ses deux mains au devant de ses yeux en gémissant :

— Mendoze ! mon bon maître je comptais vous ensevelir en terre sainte !... Je ferai chanter des messes pour vous, mon maître Mendoze !... Les chevaux ne pouvaient plus nous servir puisque vous étiez mort... Ayez pitié d'un pauvre malheureux... Si j'avais su, je vous aurais ouvert le sac moi-même... Pitié ! pitié !...

Au travers de ses mains convulsives qui pesaient sur ses paupières fermées, il croyait voir l'apparition glisser de la muraille sur le sol du sentier pour s'avancer vers lui, silencieuse et lente. Ses oreilles, qui tintaient, entendaient un bruit sourd, prodigieux, inexplicable : c'était la marche du spectre.

Oh ! certes, la terreur n'a pas besoin de la nuit. D'ailleurs, tout poltron peut produire autour de lui les ténèbres en agissant comme notre Bobazon et en se mettant un bandeau sur la vue. Bobazon comptait en quelque sorte les pas du fantôme. Pour un empire il n'eût pas ouvert les yeux, de peur d'apercevoir près de lui ce pâle et beau visage du mort ressuscité.

Mais fuit-on les esprits? Bobazon avait beau fermer les yeux, l'ombre approchait. A peine avait-il encore la force de balbutier d'une voix étranglée par la terreur :

— Pitié ! pitié !

Des chocs sourds agitèrent la poudre autour de lui. Un objet frôla son vêtement.

— Pitié, grand saint Antoine !

Un souffle ronfla tout près de son oreille ; une haleine humide et chaude procura à sa nuque une indicible sensation d'horreur.

Il se leva d'un bond : une lèvre mouillée avait touché son cou...

Ses yeux, qui sortaient de leurs orbites, virent à sa droite Migaja, à sa gauche Pepino...

Toute l'herbe du chemin était broutée.

Il n'y avait plus personne sur la muraille de la maison de Pilate. Le sentier était désert. Le soleil blanchissait les ruines muettes.

IV

LE MARAGUT

Dans la chambre des sortilèges, au premier étage de la maison du forgeron, cet homme voilé de serge noire qu'on avait appelé monseigneur resta seul un instant, après le départ de Moghrab et de Bobazon. Il eut coup sur coup trois ou quatre tressaillements rapides qui le secouèrent de la tête aux pieds, puis tout son corps se prit à trembler uniformément, comme il arrive au début d'un violent accès de fièvre.

Il desserra le ceinturon de son épée et respira sous son voile un flacon d'odeurs.

Puis, défaillant et prêt à tomber, il arracha brusquement son voile afin de donner de l'air à ses poumons oppressés.

Nous avons vu passer une fois déjà dans ces pages ce roide et froid visage, encadré de cheveux plus noirs que l'ébène, où brillaient çà et là des fils d'argent révoltés. Nous avons vu cette taille aux théâtrales fiertés se redresser dans sa marche processionnelle au travers des salles mauresques du palais royal. Nous avons vu tous les fronts s'incliner sur sa route, et les grands eux-mêmes devenir petits devant sa souveraine omnipotence.

Du premier coup d'œil, en effet, sous ce voile qui tombait, nous eussions reconnu les traits aigus, la longue figure, le masque austère et hautain du favori de Philippe IV.

Ce mystérieux visiteur, faisant concurrence au vieux Bernard de Zuniga, venait dans le repaire même du sorcier infidèle et ne reculait point devant les plus effrayantes formules de la science infernale.

C'était le zélé défenseur de la vraie foi, le champion de l'église orthodoxe, la meilleure colonne de cette cathédrale mystique symbolisant la religieuse Espagne, l'homme enfin qui, chauffant jusqu'à la cruauté les ardeurs de sa conviction sincère, venait de rallumer tout récemment le bûcher des relaps, dont le feu avait quelque temps couvé sous la cendre.

C'était le comte-duc qui était dans l'antre même de Moghrab le païen, en face d'une table que souillait encore le sang d'un sacrifice diabolique.

Il faut attribuer le fait pour une part à l'influence du temps. Le temps était aux grimoires, à la cabale, aux sorciers. On brûlait les sorciers plus que jamais, ce qui est le triomphe de la sorcellerie ; pour une autre part, il faut attribuer le même fait au caractère même du comte-duc. C'était un homme savant, crédule, faible, oseur et ambitieux jusqu'à la folie.

Richelieu, son rival et son maître, ne se privait point de consulter le sort; Buckingham, son plus mortel ennemi, n'agissait, dit-on, que d'après les textes obscurs de son horoscope tiré par le fameux Daniel de Lynn. Ne nous étonnons donc pas de trop de voir le vizir de l'Espagne arriéré dans les mêmes eaux que les ministres de la France et de l'Angleterre, où déjà le grand crépuscule des idées nouvelles essayait de naître.

En pareille circonstance, Buckingham et Richelieu étaient assurément plus inexcusables que le comte-duc, ce sauvage écolier tout farci de latin et de grec puisés aux sources les plus troubles de la barbarie scolastique.

Et cependant, si l'on en croit les mémoires de leur temps, ils se montraient l'un et l'autre bien mieux aguerris avec Satan ou ses suppôts, et le plus timide des deux eût rendu des points au comte-duc à ce jeu. A Londres, Buckingham, moitié de païen, avait donné mille guinées à la pythonisse qui lui fit voir dans un miroir magique Anne d'Autriche, et à Paris, l'homme de Montfaucon, le sinistre Labat sortait parfois longtemps après le père Joseph du cabinet de Son Eminence.

Quoi qu'il en soit, la physionomie du comte-duc exprimait en ce moment un singulier mélange de remords, d'épouvante, de dégoût et de crédulité. Les gens qui repassaient le seuil du temple de Delphes devaient avoir un peu cet air contrit et terrifié. Les odeurs contenues dans son flacon richement ciselé, n'avaient pu ranimer son esprit. Il aspira à pleins poumons l'air vicié et chaud de l'antre, puis il ferma les yeux comme si la syncope victorieuse allait le jeter sur le sol.

C'étaient, il faut l'avouer, d'odieux et hostiles parfums que ceux qui emplissaient cette chambre close. L'Arabe, chacun le sait bien, dégage de rudes effluves, la panthère aussi, les hiboux de même. Nous ne parlons même pas du cadavre ni des serpents. Ajoutez à cela les subtils alcalis renfermés sous le cuir des bêtes empaillées, la fumée des liqueurs cabalistiques, et les vapeurs d'un brasero sur lequel avait cuit le cœur du pendu, vous aurez une idée affaiblie de l'atroce bouquet placé sous les narines de Sa Grâce.

Un instant, il resta les yeux fermés. Ses joues livides se creusaient et ses paupières battaient malgré lui. Peut-être voyait-il dressé devant lui le spectre de l'Inquisition, dont l'œil perçait les plus épaisses murailles et qui s'attaquait à tout, même aux rois. Il y avait certes là de quoi allumer toutes les foudres du Saint-Office, et, si haute que fût la tête du favori, le san-benito pouvait la coiffer.

Ces choses, qui semblent impossible au vulgaire, tentées hardiment et soudain, réussissent toujours. Ce pouvait être un grand coup politique. Le comte-duc connaissait son Espagne.

Le comte-duc savait bien que si cette comédie invraisemblable était offerte au peuple de Séville, le favori, vêtu de la robe à flammes rouges, et conduit au bûcher par la procession des pénitents, Séville entière rugirait l'acclamation de sa joie folle.

Il y songea, car il sourit. Cette crainte ayant trait aux choses de ce monde soulagea pour un moment ses superstitieuses défaillances.

— Ils n'oseraient... murmura-t-il. Le roi lui-même n'a-t-il pas son mystérieux sorcier, Hussein-le-Noir?... La reine n'a-t-elle pas le physicien Soliman?... des Africains aussi... des infidèles! Ce sont les maîtres du présent qui sont excusables de chercher à deviner l'avenir.

Sa pensée tournait. Des rides se creusaient à son front.

— Hussein le-Noir! répéta-t-il; ma police a pu le dire le nom de cet homme... Il va chez le roi à toute heure du jour et de la nuit... Je donnerais une fortune pour l'avoir là sous la main et m'en faire un allié... — Mais, se reprit-il d'un accent chagrin, il faut bien convenir qu'il y a là-dedans des choses qui dépassent l'intelligence humaine...

Ce mécréant est insaisissable... il se dérobe comme un esprit de l'air à toutes les recherches. J'ai beau faire garder sévèrement toutes les avenues de l'Alcazar, nul ne l'aperçoit quand il vient, nul ne le surprend quand il sort... On dirait qu'il surgit de terre et qu'il y rentre. Cosmo, le chambrier secret, voit tout à coup une sombre silhouette au bout du corridor qui conduit dans mes propres appartements ou dans l'embrasure de la porte de Zuniga, mon oncle. Derrière les draperies blanches qui tombent d'un turban mauresque, il entend une voix creuse qui dit : « Va prévenir le roi, Hussein-le-Noir veut lui parler. » — Etrange! s'interrompit-il encore; nous vivons dans un temps tout plein d'inexplicables bizarreries... Qui est cet Hussein? Dans quelles ténèbres cache-t-il sa vie? Que dit-il au roi? Sait-il lire vraiment dans le livre fermé?... Voit-il nos ambitions, nos luttes, nos efforts?... J'aurai sous peu la réponse à cette question. Mes mesures sont bien prises, Cosmo est acheté!

La panthère s'étira sur sa paille en rendant un rauquement paresseux.

Le comte-duc tressaillit et ses paupières s'ouvrirent. Il avait oublié peut-être le lieu où il se trouvait.

Ses regards rencontrèrent les yeux demi-clos de la panthère, dont les cils tamisaient une flamme sombre et la braquaient sur lui. Les yeux ronds et rouges des deux hiboux suivaient la même direction. Les serpents tournaient vers lui leurs prunelles immobiles. Tout ce qui était là, vivant ou pétrifié par la mort, le regardait. Il était le centre de cette attention fixe et muette.

Sa bouche se crispa convulsivement pour essayer un amer sourire.

— Moi... pensa-t-il tout haut; ici!... moi... le premier ministre de Philippe d'Autriche!... L'historien qui raconterait cela passerait pour un extravagant calomniateur!... — Rampe, tigre! poursuivit-il en se redressant, pâle encore, mais l'œil haut et grand ouvert; fascinez, oiseaux de sinistre présage!... reptiles immondes, déguisements de Satan, roulez sur vos anneaux!... Je n'ai pas peur... j'ai sur ma poitrine le talisman béni qui brave l'Enfer... Dieu accompagne son serviteur au fond même de ces abîmes.

Il entr'ouvrit son pourpoint et baisa un reliquaire qu'il portait sous ses habits.

Les hiboux gardèrent leur somnolente impassibilité; la panthère ne hurla point; aucun serpent empaillé ne siffla.

Le comte-duc fut peut-être un peu désappointé de voir ce suprême défi rester sans réponse. Sa crédulité s'ébranla; mais ses yeux tombèrent par hasard sur la table, où le sang se figeait, et le poids qui oppressait sa poitrine s'alourdit de nouveau.

— Ce n'est pas un assassinat, balbutia-t-il. Le pauvre malheureux était mort.

— Oui, répondit sa conscience; mais c'est une profanation.

Il ferma les poings, révolté contre sa propre honte, et s'écria avec colère :

— Et qu'y a-t-il au fond de tout ceci?... Ai-je entendu la voix de l'enfer? Suis-je la dupe d'un effronté charlatan? J'ai étudié, de par saint Antoine! On se souvient de moi à Salamanque!... Suis-je au-dessous des grandeurs de ma tâche pour descendre à de si vils moyens? — Non, non! s'interrompit-il, quelque chose en nous témoigne qu'il doit exister des liens entre ce monde et les espaces supérieurs... ou inférieurs... qui sont au delà de la tombe... Je parle d'études..., l'étude fortifie cette opinion... Les anciens ont cru à la magie... les livres saints le prouvent tout aussi bien que l'histoire. Que m'a dit Mogbrab? que je vaincrais... que ma victoire serait due à l'excellence de mon style dans mon *Antidoto contra las calumnias*... L'éloquence fut toujours une arme supérieure à l'épée... Mais ce païen tarde bien! Il doit faire jour maintenant au palais.

La panthère se dressa tout à coup sur ses jarrets souples et nerveux. Les hiboux hérissèrent leurs plumes et voilèrent de blanc le disque rouge de leurs prunelles. Une draperie située de l'autre côté de la table s'ouvrit brusquement, laissant voir Moghrab debout, les bras croisés sur sa poitrine.

— Seigneur, dit-il, je suis revenu depuis longtemps et mon esprit n'avait point quitté Votre Grâce.

Le favori fronça le sourcil et murmura :

— Ces momeries sont bonnes pour ceux que tu réussis à effrayer, Maragut ; je t'avais défendu de me traiter comme un enfant... Pourquoi ne m'as-tu pas laissé sortir?

— Parce que, répondit le Maure, Votre Excellence ignore encore une partie de ce qu'elle doit savoir.

— Parle donc, et hâte-toi !

— Votre Excellence a le temps, prononça péremptoirement l'Africain ; la porte des appartements du roi ne s'ouvrira pour elle qu'à deux heures après midi.

— Comment sais-tu ?...

— Comment sais-je qu'à deux pas de nous le cardinal de Richelieu fait recruter des soldats pour l'émeute qui doit éclater demain dans Séville?

— Par le ciel! s'écria le favori, tu ne m'as jamais rien dit de cela.

— Comment sais-je, continua paisiblement Moghrab, que de l'autre côté de cette cour le duc de Buckingham fait offrir à l'heure qu'il est sa charge de guinées à l'homme qui privera l'Espagne de son plus ferme soutien ?

— Buckingham veut me faire assassiner! râla le favori pris d'une véritable terreur.

— Ces Anglais ont la réputation d'être ponctuels à payer leurs dettes, répondit Moghrab sans rien perdre de son impassibilité.

Le comte-duc était livide.

— Maragut! prononça-t-il entre ses dents serrées, prends garde de perdre le respect... si tu sais tout, tu dois connaître ce qui s'est passé jadis entre Buckingham et moi.

— Excellence, répliqua l'Africain, je suis d'un pays où le mari tue l'homme qui tente de séduire sa femme.

— Eh bien! — s'écria le comte-duc en proie à la plus terrible agitation, — n'envoyez-vous pas vos esclaves armés contre ceux qui rôdent autour du sérail ?

— L'Anglais porte à l'épaule gauche la cicatrice d'un coup de poignard, ajouta Moghrab. Or, il y a un homme à Séville qui ce matin lui a vendu son bras.

— Le nom de cet homme?

— Cuchillo.

— Le toréador? un aventurier sans peur, dit-on.

— Un homme habitué à jouer avec la mort.

Il y eut un silence. Le comte-duc était sombre, mais il avait recouvré ce flegme castillan qu'il possédait à un si haut degré.

Ce fut Moghrab qui reprit le premier la parole.

— Votre Grâce court encore d'autres dangers, dit-il.

— Je veux connaître tous les dangers que je cours, répliqua le favori.

— D'abord, repartit Moghrab qui s'inclina, il y a le duc de Medina-Celi...

— Passe! je connais cette burlesque aventure. Elle sert mes intérêts: je laisse aller.

— Votre Grâce connaît...? répéta Mograb avec une inflexion de voix étrange. Mais, — se reprit-il, — je suis pour obéir aveuglément à vos ordres... Que Votre Grâce daigne seulement ouvrir les yeux et passer la revue sévère de tous ceux qui la servent.

— Passe! prononça pour la seconde fois le duc; — ceux qui me servent me trahissent... Il n'y a pas besoin de sortilèges pour deviner cela.

— C'est juste, murmura Moghrab doucement, vous trahissez bien vous-même, sans le savoir, celui que vous servez.

Le rouge monta violemment au front du comte-duc, dont la pâleur revint aussitôt après plus livide.

S'il eut de la colère, il la contint en lui-même. La brutale insinuation de l'Africain ne fut point relevée.

— Le roi doute, reprit ce dernier ; vos amis conspirent... vos amis et vos parents... Celui qui doit vous remplacer, si votre étoile vous abandonne, Juan de Haro, grandit malgré ses vices et ses débauches. Votre Grâce veut-elle un conseil après avoir écouté des oracles ?

— Voyons le conseil, Maragut, dit Gaspar de Guzman d'un ton un peu dédaigneux.

— Que Votre Grâce aille à ses ennemis, puisque ses amis l'abandonnent.

— Qui appelles-tu mes ennemis ?

— La reine, Medina, Sandoval, Moncade, Richelieu, Buckingham et les *desservidores*.

— Tu oublies Bragance ! fit le favori qui haussa franchement les épaules.

— Votre Grâce a raison, repartit Moghrab, j'oubliais Bragance, et j'avais tort. Quand le poisson ne mord pas à la ligne, j'ai ouï dire que les pêcheurs du Guadalquivir troublent l'eau, ce qui emplit leurs filets à coup sûr...

Le comte-duc se leva et fit un geste de fatigue hautaine.

— Brisons-là, Maragut, dit-il, tu es un sorcier, je suis un ministre. Souviens-toi de ce que le peintre grec dit au cordonnier : *Ne sutor ultra crepidam.* En politique, crois-moi, je suis plus fort que toi. N'as-tu rien à m'apprendre ?

— Je n'ai plus rien, seigneur.

— Eh bien ! moi, j'ai encore quelque chose à te demander. As-tu entendu parler parfois de Hussein-le-Noir?

La physionomie de l'Arabe ne broncha pas.

— On dit que c'est l'astrologue du roi, répondit-il.

— Tu ne l'as jamais vu?

— Jamais.

— Tu ne sais rien sur lui?

— Si fait... Je sais qu'Hussein-le-Noir a prononcé devant Sa Majesté le nom du successeur de Votre Grâce.

— Le roi?...

— Le roi a demandé à Hussein-le-Noir un philtre qui le fasse aimer de la belle marquise d'Andujar.

Le comte-duc garda un instant le silence.

Puis fixant tout à coup ses yeux sur Moghrab :

— Maragut, dit-il, pourrais-tu entrer en lice contre cet Hussein-le-Noir?

— Dans le champ clos de la science mystérieuse, oui, seigneur, répondit l'Africain sans hésiter.

— Quel prix demandes-tu pour entamer la lutte?

— Nous compterons plus tard, seigneur... Ce que je demande à Votre Grâce, ce sont les moyens de combattre, la plus minutieuse prudence et la plus complète neutralité.

— Qu'entends-tu par moyens de combattre?... Des armes?

— J'ai des armes... Ce qui me manque, c'est le champ de bataille.

— Choisis-le : tu l'auras.

— Donnez-moi donc, seigneur, la libre disposition du cabinet de Votre Grâce qui communique avec l'appartement de Sa Majesté.

— A dater de cette heure, tu l'as... Quant à la neutralité...

— Vous ne pouvez plus me la promettre, n'est-pas, seigneur? interrompit Moghrab; ce matin même, Hussein doit tomber dans le piège tendu en quittant votre oncle Bernard de Zuniga?...

— Il voit donc vraiment don Bernard?...

— On le rencontre aussi souvent sortant de chez vous que de chez votre oncle.

— C'est vrai !... murmura Olivarès sans prendre la peine de cacher sa préoccupation profonde; voilà où est le miracle !... et j'ai peur que celui-là ne soit un plus fin sorcier que toi, Maragut !

L'Africain eut un orgueilleux sourire.

— C'est un homme habile, seigneur, je ne dis pas non, répliqua Moghrab, car vous avez perdu votre argent et votre peine à séduire Cosmo, le chambrier secret. Les mercenaires apostés devant le logis de don Bernard attendront en vain Hussein-le-Noir... Hussein-le-Noir a éventé le piège. Mais je suis plus habile que Hussein-le-Noir, et dès que je me mettrai contre lui, son pouvoir tombera. Il est temps de nous rendre à notre devoir, seigneur : descendons et prenons la litière de Votre Grâce.

Le comte-duc se leva aussitôt. Évidemment, aucun attrait ne le retenait plus en ce lieu.

Moghrab poussa les contrevents de la fenêtre, aux vitres de laquelle le soleil se jouait déjà. Il caressa la panthère, qui fit le gros dos à ses pieds comme un chat esclave, et prit sous son bras une boîte de maroquin de forme carrée, dont le couvercle était chargé de caractères hébraïques.

Cela devait être plein de diableries, et c'étaient sans doute les armes dont il comptait se servir dans la bataille engagée contre ce terrible Hussein-le-Noir.

Le comte-duc ne put s'empêcher de jeter un regard de défiance sur cet arsenal portatif. Il passa néanmoins le premier, sur l'invitation de Moghrab, et quand celui-ci eut repoussé la porte de son antre il put entendre à l'intérieur de la serrure une demi-douzaine de crochets qui retombaient d'eux-mêmes et s'engrenaient l'un après l'autre.

Au bas de l'escalier, Moghrab ouvrit une porte basse qui donnait dans une sorte de remise très obscure où la chaise de Sa Grâce l'attendait d'ordinaire avec ses porteurs, lors de ses excursions secrètes.

Moghrab appela doucement :

— Thomas ! Zaccaria !

Personne ne répondit.

— Les paresseux se sont endormis, murmura le comte-duc.

Moghrab entra et ressortit presque aussitôt après, l'étonnement peint sur le visage.

— La chaise de Votre Grâce a disparu, dit-il.

— Et mes porteurs ?

— Ils ronflent.

— Et la sorcellerie ne t'avait pas fait deviner cela, Maragut ?

Ce disant, il leva sur le Maure un regard railleur,

et fut tout surpris de voir un fin sourire sous les masses soyeuses de sa moustache.

On travaillait chez le forgeron. Le bruit des marteaux allait en cadence. Moghrab s'avança jusqu'au milieu de la cour et interrogea de l'œil les étages supérieurs de la maison. Il vit une corde tendue qui traversait la cour, rejoignant les deux balcons.

Son sourire s'éclaira davantage.

Ses doigts arrondis touchèrent ses lèvres, un sifflet aigu s'en échappa.

Il attendit le quart d'une minute, puis il prononça d'un ton guttural et doux ces deux noms de femme :

— Aïdda ! Gabrielle !

Le bruit des marteaux de la forge répondit seul à ce double apppel.

— Par le Prophète, grommela-t-il entre ses dents, bien en prend à celui-ci d'être bon cavalier ! S'il va toujours ainsi, il faudra un Cervantès pour raconter ses aventures. Votre chaise est maintenant au palais, seigneur, ajouta-t-il en se tournant vers le comte-duc. Elle a joui du droit d'asile, ce matin, comme le sanctuaire d'une cathédrale.

— Explique-toi !

— Grâce à elle, poursuivit Moghrab, celui qui mit hier son épée dans la poitrine de votre honoré neveu, le comte de Palomas, pourra nous rendre quelque bon office.

— Je te dis de t'expliquer.

— J'offrirai d'abord mon humble litière à Votre Grâce, et nous causerons en chemin.

— Holà! Zaccaria! fit-il en entrant dans la remise, où il secoua rudement les deux porteurs; holà! Tomas! Debout! coquins de fainéants!

Les deux pauvres diables, réveillés en sursaut, se frottaient les yeux, combattant le sommeil opiniâtre et lourd qui les accablait.

— Il y avait quelque chose dans ce vin d'Alicante! grommela Tomas le premier.

— Deux jolies filles sur ma foi! ajouta Zaccaria.

L'Africain les poussa dehors par les épaules. Ils s'attelèrent à une chaise formée de draperies mauresques qui stationnait sous le hangar voisin de la forge.

— Au palais! ordonna le duc courroucé.

— Quel bouquet! dit Zaccaria soupesant sa double charge, car l'Africain était monté près du ministre.

— Quels yeux!... soupira Tomas.

Et ils prirent leur course, habitué qu'il étaient à verser des torrents de sueur sur le pavé pointu de Séville.

En chemin, Moghrab donna au ministre l'explication qu'il voulut. Le lecteur connaîtra forcément la véritable dans la suite de ce récit.

La litière, discrètement fermée, pénétra dans l'intérieur de l'Alcazar et s'arrêta dans la cour privée qui desservait les appartements du favori. La valetaille eut clémence de se cacher derrière les jalousies pour espionner, de sorte que le comte-duc regagna son cabinet avec l'espoir de n'avoir point été aperçu

Il demanda à son chambrier si le roi l'avait fait

appeler, et, sur sa réponse négative, il ordonna à cet homme de sortir.

Moghrab montra du doigt le cadran de la pendule à contre-poids, dont le mouvement grondait dans son armoire d'ébène.

— Dans dix minutes, dit-il, Hussein entrera chez le roi. Madame la duchesse est sans doute inquiète de son noble époux.

— Si je restais près de toi, tu ne pourrais donc agir? demanda le comte-duc.

— La présence de Votre Grâce me paralyserait complètement.

Que répondre à ces déclarations qui font la force de tout charlatanisme? De deux choses l'une, on veut ou l'on ne veut pas. La première condition si l'épreuve doit être tentée, est de ne point ôter à l'ouvrier son moyen d'action.

Il est le maître à cette heure. Ce qu'il ordonne doit être accompli.

Le comte-duc ferma ostensiblement les tiroirs et panneaux de ses bahuts, mit les clefs dans sa poche et se retira.

Moghrab était seul. Sa physionomie se détendit au moment où le battant de la porte retombait lourdement sur le ministre. Le sourire moqueur, nous allions dire cynique, que nous avons déjà vu sur ce noble visage, releva encore une fois le coin de ses lèvres. En même temps son regard s'éteignit sous un voile de fatigue découragée.

— Pour qui tant de travaux? murmura-t-il, et pourquoi?...

Il resta un moment immobile, puis l'éclair se ranima tout à coup dans sa prunelle.

— C'était écrit, poursuivit-il, tandis que son regard devenait plus railleur; un bon musulman a-t-il des comptes à demander à la destinée? S'il me manque un motif pour édifier, j'ai du moins les raisons qui mettent en branle mon marteau démolisseur. Les plaies envenimées se guérissent par le fer et le feu !...

Il se dirigea vers la porte par où le ministre s'était retiré. Il en poussa doucement les verrous et fit retomber sur le trou de la serrure le bouton de cuivre préparé pour cet usage.

Après quoi il fit quelques pas vers la sortie opposée, petite porte dissimulée dans les tentures à hauts ramages qui recouvraient de toutes parts la nudité des murailles mauresques. A moitié route, il s'arrêta devant la table magnifiquement sculptée où le comte-duc faisait ses écritures. Des feuilles volantes de vélin étaient éparses sur le maroquin. Moghrab y jeta les yeux et lut deux ou trois phrases longues, symétriques, hérissées de citations grecques et latines.

— Ce n'est point par haine pour cet homme, pensa-t-il tout haut avec une dédaigneuse fierté; le fils de mon père ne peut pas haïr ce licencié pédant, tout bouffi de sa science puérile... De par Dieu... ou de par Mahomet ! si mon turban le veut, je suis un juge qui condamne et qui porte avec soi la hache pour exécuter lui-même ses arrêts...

Il repoussa les feuilles de vélin et ouvrit la boîte mystérieuse qu'il avait apportée avec lui. Elle contenait un long voile de cachemire noir brodé de fil d'argent. Le turban de Moghrab prit dans la boîte la place de ce riche et sombre tissu, qui fut roulé autour de sa tête rasée de façon à ce que le visage restât presque entièrement voilé de noir, tandis que la frange argentée retombait sur le dos et les épaules en torsades éclatantes.

Moghrab dissimula sa boîte refermée sous les plis amples de son bernuz, et gagna la porte dérobée dont il souleva la draperie. Le pêne quitta la serrure sans bruit, et sans bruit aussi l'unique battant tourna sur ses gonds. La draperie retombée ferma passage au jour qui venait de l'intérieur du cabinet. Moghrab se trouva dans l'ombre, au bout d'une étroite et longue galerie dont l'autre extrémité était brillamment éclairée.

Au milieu de cette lumière, une silhouette ressortait, découpant ses profils avec brusqueries. C'était un homme déjà voûté par l'âge, immobile et posé aux aguets. Il n'avait point entendu Moghrab : il lui tournait le dos, dirigeant ses regards vers une galerie coupant à angle droit celle où l'Africain venait de pénétrer.

Cette galerie conduisait au logis de don Bernard de Zuniga, premier secrétaire d'Etat.

L'entrée particulière des appartements royaux était précisément derrière le vieil homme, et faisait face à la galerie de don Bernard.

Ce vieil homme était don Cosmo Bayeta, gentilhomme de Biscaye et chambrier secret du roi don Philippe d'Espagne.

Les sandales de Moghrab ne faisaient aucun bruit sur le marbre qui pavait la galerie. Il arriva jusqu'à trois pas du chambrier sans avoir éveillé son attention. Celui-ci était en train de se frotter les mains tout doucement. Il se disait en regardant au loin :

— Trois solides gaillards !... Cette fois-ci, le moricaud ne nous échappera pas!

Une lourde main se posa sur son épaule. Il se retourna. Un cri d'effroi voulut s'échapper de sa gorge, mais la sombre apparition était derrière lui avec son voile noir frangé de blanc.

Le vieux Cosmo demeura muet et comme pétrifié. Dès que la main du nouveau venu eut quitté son épaule, il recula de plusieurs pas pour coller son dos voûté à la muraille du corridor.

— Seigneur ! seigneur ! dit-il, croyez-bien que je ne parlais pas de vous !

La voix qui sortait de cette cagoule en cachemire qui retombait jusque sur la poitrine de Moghrab était calme et sévère.

— Ne vous corrigerez-vous point, dit-elle, de tenter l'impossible? Faudra-t-il attacher l'un de vous à la potence pour que les autres restent en repos ? Aposte cent coquins au lieu de trois, mille au lieu de cent, je me rirai de leurs couteaux !... Prend-on les oiseaux du ciel dans des pièges à loup?... Murez les portes, je passerai par les fenêtres... barricadez les fenêtres, je me glisserai avec un souffle d'air ou avec un rayon de soleil.

— La terre s'ouvre pour vous donner issue, seigneur, murmura Cosmo Bayeta, de bonne foi et courbant respectueusement la tête ; ne m'imputez point ce qui a été fait, car je ne suis qu'un pauvre malheureux.

L'Africain se redressa de toute la hauteur de sa taille.

— Chacun a son heure marquée, dit-il ; je suis homme et je mourrai... mais jusqu'à ce que l'aiguille de ma destinée ait touché le chiffre fatal, le fer et le feu ne peuvent rien contre moi.

Il entr'ouvrit son écharpe de cachemire, et jeta un poignard aux pieds de Cosmo tout tremblant.

— Donne ceci à Gaspard de Guzman, poursuivit-il ; hier, on me le mit dans la poitrine, et me voici ! Dis-lui que Hussein-le-Noir est un ennemi trop puissant pour sa faiblesse... Que je sois poignardé de nouveau, perçant comme aujourd'hui ces murs de pierre, je reviendrai te dire : « Hussein-le-Noir veut entretenir le roi d'Espagne... fais ton devoir !

Cosmo Bayeta, pâle et tout frémissant de superstitieuse épouvante, passa devant l'Africain sans lever les yeux sur lui, et ouvrit la porte des appartements royaux.

— Hussein-le-Noir, prononça-t-il à voix basse, demande audience à Sa Majesté.

— Qu'il entre, répliqua une voix frêle et cassée ; j'ai justement besoin d'un philtre pour ce soir.

Une autre voix beaucoup plus mâle, mais qui semblait appartenir à un perroquet, ajouta :

— Philippe est grand... il est grand, Philippe !

V

DANSE DE CORDE

C'était à l'heure où notre Bobazon, graine de millionnaire et Crésus en expectative, pénétrait dans l'écurie de Saint-Jean-Baptiste pour en extraire Pepino et Migaja, héritage de son pauvre jeune maître. Au quatrième étage de la maison du forgeron, où déjà le crépuscule matinier envoyait de clairs reflets, une porte s'ouvrit sur un des balcons qui servaient de paliers aux escaliers régnant en saillie, un homme sortit, puis une jeune femme qui le retenait par la main.

L'homme était enveloppé dans un ample manteau brun dont le collet relevé dissimulait le bas de son visage. Son front et ses yeux disparaissaient sous un sombrero à larges bords.

La femme se drapait dans une longue mantille de soie. Son voile, qui semblait avoir été disposé à la hâte et au hasard des ténèbres, laissait voir les boucles en désordre de ses magnifiques cheveux noirs. C'était une beauté orientale aux yeux profonds et long fendus. Sa taille avait des souplesses gracieuses et hardies. Le charme de son regard parlait de mélancolie vaguement.

Elle était toute jeune, grande, élancée, et brune de peau comme les filles d'Afrique. Ses deux bras s'appuyaient, arrondis avec abandon, sur l'épaule de son compagnon.

C'étaient des adieux. L'alouette avait chanté. Roméo se séparait de Juliette.

Ils jetèrent tous deux le même regard à la cour déserte.

— Adieu, Moncade, murmura la belle fille ; tu dis que tu as un devoir à remplir, un ami à sauver, je ne te retiens pas... Mais, au fond de mon cœur, il y a comme une menace... Quelque chose me dit que je ne te verrai pas demain.

Le baiser d'adieu de Moncade fut léger et distrait.

— Qui sait où je serai demain, Aïdda, ma pauvre âme? répliqua-t-il ; l'Espagne est comme un malade dont chaque heure chauffe la fièvre... Tu as raison de craindre : la crise approche... elle sera terrible.

Les longs cils noirs d'Aïdda voilèrent sa prunelle.

— Combien y a-t-il de jours que tu n'as été au tombeau de ta sœur, marquis ? demanda-t-elle tout bas d'une voix sombre.

Moncade tressaillit. Il ne s'attendait point à cette question. Sa tête s'inclina sur sa poitrine.

— Il y a bien des jours, n'est-ce pas? reprit la belle Mauresque d'un ton où la mélancolie s'imprégnait d'amertume. Tu es Espagnol, tu n'as pas renoncé à venger ta sœur, mais tu oublies déjà de prier pour elle... La fille du comte-duc a un cou de cygne et de belles lèvres roses... elle est Guzman ! on a vu l'amour couler comme un **baume sur cette plaie qui s'appelle la haine.**

— Tais-toi, Aïdda! tais-toi! balbutia Pescaire.

— Ce n'est pas l'explosion que je crains, poursuivit-elle, ce n'est pas la bataille... La pensée du combat où tu perdrais la vie ne me fait pas peur, je saurai te retrouver au delà de la mort... Ce que je crains, Moncade, c'est ton inconstance.

— Folle! repartit le cavalier qui parvint à sourire; sait-on où vont les rêves des femmes?...

Puis, d'un accent sérieux et plus triste, il ajouta:

— Les cheveux de mon père sont devenus blancs en une nuit... J'ai ouï dire que dans les officines des savants, il est des liqueurs qui prennent feu subitement quand on les met en contact l'une avec l'autre: ainsi arriverait-il si le sang du meurtrier se mêlait au sang de la victime.

Aïdda se pendit à son cou.

— Marquis, dit-elle, tu as un noble cœur!

— Blanche de Moncade, poursuivit le cavalier en étendant la main, sera vengée, je le jure.

Il rejeta sur son épaule le pan de son manteau et porta les doigts effilés de la jeune fille jusqu'à ses lèvres.

Puis il descendit rapidement l'escalier et disparut dans l'ombre de la cour.

Aïdda resta un instant accoudée au balcon, plongeant son regard rêveur dans ces ténèbres.

A l'étage supérieur on aurait pu voir une autre tête de jeune fille pendre au-dessus de la sienne: une tête blonde, celle-là, rieuse, douce, espiègle et adorablement jolie.

Il y avait un charme enfantin et naïf dans cette franche gaieté qui est rarement l'apanage de la vierge espagnole.

Une rose qu'elle tenait à la main s'effeuilla sur le front d'Aïdda, puis dispersa ses folioles légères qui allèrent voltigeant et tournoyant dans le vide.

Aïdda rougit, mais elle sourit.

— Curieuse ! dit-elle sans relever encore les yeux.

— Bonjour, Aïdda, dit la blonde, raillant un peu, mais si peu !

— Bonjour, Gabrielle, répondit la brune avec une légère nuance de reproche dans l'accent.

Elle releva enfin les yeux. Leurs regards se croisèrent. Je ne sais pourquoi le choc de leurs prunelles les fit plus jolies.

— Je ne suis pas une curieuse, reprit Gabrielle ; je suis venue sur le balcon pour mes affaires.

— Tu as donc des affaires maintenant ?

— Pas autant que toi...

— Méchante !

Les doigts rosés de Gabrielle s'arrondirent au-devant de sa bouche, qui semblait une fleur de corail. Elle décocha un souriant baiser.

Aïdda la rancunière répondit par un signe de menace.

— Je n'ai rien vu, je te l'assure, poursuivit Gabrielle, qui se fit humble pour apaiser cette colère.

— Est-ce bien vrai, cela ?

— Bien vrai... Le manteau me cachait la tournure... et comment reconnaître le visage sous ce large sombrero ?

— Alors tu étais là ? murmura la Mauresque, dont les sourcils se froncèrent.

— Monte, dit Gabrielle, mon père n'est pas là, nous allons causer.

— Descends, si tu veux, repartit Aïdda, mon père n'est pas là... mais je n'ai rien à te dire...

A son tour, la blonde fit une délicieuse petite moue.

— Tu ne m'aimes donc plus ?... murmura-t-elle.

Je n'aime pas les espionnes qui cherchent à surprendre le secret de leurs amies.

— Mais il y a longtemps que je le sais, ton secret, dit bonnement Gabrielle.

— Tu saurais...

— Monte... J'ai mon secret aussi, je vais te le dire.

Le courroux de la belle Africaine n'était pas bien profond, car un éclair de gaieté brilla derrière ses longs cils abaissés.

— Ah !... fit-elle en mettant le pied sur la première marche.

Puis elle ajouta :

— Ce n'est que pour savoir ton secret.

L'instant d'après, Gabrielle l'entraînait dans le frais réduit qui lui servait de chambre à coucher. C'était une petite pièce ornée avec cette simplicité gentille qui parle tout de suite de jeunesse, à moins que cette condition suprême ne soit remplacée par l'exquise saveur du goût qui ne vieillit pas. Les draperies et tentures n'étaient qu'en toile peinte de Grenade, mais leurs couleurs se mariaient si gaiement qu'on les eût regrettées entre quatre lambris tapissés de cordouan doré ou de hautes lisses flamandes. La couchette, plate et sans bords, selon la coutume léguée aux Espa-

4.

gnols du sud par la domination arabe, disparaissait derrière un nuage de gaze sous lequel transparaissait une niche fleurie où la Vierge, vêtue de guirlandes, tenait l'enfant Jésus dans ses bras.

Deux fenêtres donnant sur la galerie intérieure et la cour laissaient sourdre le jour doux et l'air embaumé au travers d'un fouillis de lianes si vaillamment arrosées, que l'ardeur du soleil avait respecté toutes leurs feuilles et toutes leurs fleurs.

Les deux jeunes filles échangèrent le baiser rapide, brusque, mais charmant, qui fait songer toujours au becquetage des tourterelles : il n'y a pour se bien ressembler dans la nature que les jeunes filles et les oiseaux. Puis Gabrielle fit asseoir Aïdda sur le divan, près de la fenêtre, et resta debout devant elle, tout à coup timide et embarrassée pour la première fois de sa vie.

Le regard d'Aïdda, qui l'interrogeait avidement, devenait peu à peu triomphant.

Gabrielle rougit sous ce regard ; mais elle secoua la tête et murmura dans son ravissant sourire :

— Non... non... pas encore !

— Pas encore quoi ? interrrogea malicieusement la Mauresque.

— Tu sais bien, Aïdda...

— Alors, peu s'en faut...

La blonde Gabrielle, rose comme une cerise et les yeux cloués au sol, répondit :

— Si fait, tu te trompes... Il ne me connait même pas, et c'est hier que je l'ai vu pour la première fois.

— Oh ! oh ! s'écria l'Africaine, qui montra dans

un franc éclat de rire la double rangée de ses dents perlées, nous allons vite en besogne, à ce qu'il paraît.

Ce fut au tour de Gabrielle de froncer ses sourcils délicats et mignons.

Elle dit, comme avait dit sa compagne :

— Méchante !

Dans la bouche des fillettes, ce mot signifie presque toujours : Pourquoi t'avises-tu de deviner si bien ?

Gabrielle resta un moment boudeuse, puis elle dit soudain :

— Si tu ne veux pas m'aider à le sauver, je le sauverai bien toute seule !

— Le sauver ! répéta Aidda étonnée ; il est donc en danger ?

— En danger de mort.

Ceci fut prononcé à voix basse.

Aidda regardait sa compagne en face.

— Tu l'as vu ? demanda-t-elle.

— De loin... hier et aujourd'hui.

— Tu lui as parlé ?

— Jamais.

— Alors comment sais-tu qu'il est en danger de mort ?

— Par mon père... Mon père a dit devant moi : « On a promis cent onces d'or à quiconque livrera le meurtrier du comte de Palomas. »

— C'est le meurtrier de don Juan de Haro que tu aimes ? s'écria Aidda.

— Qui t'a dit que je l'aimais ? riposta vertement Gabrielle : je veux le sauver.

— Pourquoi veux-tu le sauver ?

La jolie blonde hésita. Son petit pied mutin battit le sol, et son regard sournois se détourna de sa compagne, mais ce fut l'affaire d'un instant.

— Parce qu'il est tout jeune, répondit-elle, parce qu'il a la bonté du cœur peinte sur le visage, parce qu'il a l'air loyal, timide et si doux!...

— Quand on dit cela d'un cavalier, on l'aime, prononça sentencieusement la Mauresque.

Gabrielle fit un geste d'impatience, et cette repartie plus prompte que l'éclair s'échappa de ses lèvres :

— Tu te connais à ces choses-là, toi, Aïdda.

La Mauresque lui prit les mains et se rapprocha d'elle.

— Je t'ai blessée, Gabrielle, dit-elle, puisque tu essayes de te venger de moi?

C'était une chère enfant, cette Gabrielle; deux grosses larmes jaillirent de ses grands yeux bleus.

— Je sais que tu es bonne et pure, Aïdda, dit-elle; je t'ai vue prosternée aux pieds de la Vierge sainte, qui est notre mère, à nous autres orphelines... Tu n'es point comme celles de ton pays, tu es tendre et noble; j'ai fait de toi ma meilleure amie... mais tu m'as blessée en effet, ma sœur, parce que, au lieu de me consoler, tu me railles...

— Si tu m'avais dit cela! J'ai de la peine... commença la Mauresque, qui attira sa jeune compagne contre sa poitrine.

Gabrielle se laissa faire et cacha sa tête dans le sein de son amie.

— Est-ce que tu crois vraiment que je l'aime? demanda-t-elle après un silence.

Aïdda ne put s'empêcher de sourire encore, malgré sa bonne résolution de ne plus railler.

— En dépit de toute l'expérience que tu me prêtes généreusement, répondit-elle, je ne puis décider le cas... Quand on consulte un médecin, chez nous autres sauvages, on commence par lui expliquer les symptômes du mal...

— Hélas! petite sœur, interrompit Gabrielle, je n'ai point de mal; c'est toi qui m'as mis martel en tête. Voici mon histoire en deux mots.

Gabrielle continua ainsi :

— Hier, je m'en allais seule à la messe avec ma duègne; mon père avait de l'occupation au palais. Le long du chemin j'étais contente parce que les bonnes gens disaient : « Voici la fillette de don Pedro Gil, le nouvel oidor, qui a l'oreille de don Bernard de Zuniga... Elle est blonde comme une Française et pieuse comme une Espagnole. » Je souriais sous mon voile et je faisais la révérence à ceux qui parlaient de nous si honnêtement, lorsque, parvenue devant la maison de Pilate, au milieu de la place de Jérusalem, j'entendis tout à coup un grand fracas. Des escouades d'alguazils se précipitaient vers ce logis maudit qu'on appelle le Sépulcre, et la foule criait : « Forcez les portes! on s'égorge là dedans! » Il n'y avait de tranquilles que les gueux, échelonnés sur le perron de Saint-Ildefonse, notre paroisse, et un homme, le nez dans son manteau, sous le porche des Delicias... En cet homme je reconnus mon père.

— Ah! fit Aïdda, dont l'attention parut redoubler.

— Bientôt, continua Gabrielle, le bruit augmenta au dedans des Delicias. Les portes du Sépulcre avaient été fermées après l'entrée des alguazils... Tout à coup une des fenêtres de la demeure privée de maître Galfaros fut jetée en dehors violemment, et deux cavaliers s'élancèrent sur le parvis, l'épée nue à la main.

— C'était lui ! fit la moqueuse Aïdda.

Elle eut son châtiment tout de suite, car la jolie blonde fermant à demi ses yeux bleus où revenait le sourire, répondit :

— Je t'en fais juge : c'était le noble Vincent de Moncade, second marquis de Pescaire.

— Quoi ! s'écria la Mauresque en pâlissant.

Il y avait aussi des perles dans la bouche de Gabrielle, qui les montra en riant de tout son cœur.

— J'avais bien cru reconnaître ce sombrero et ce manteau, dit-elle, au lieu de continuer son histoire.

Aïdda se mordit les lèvres.

— Je ne te demande pas tes secrets, reprit Gabrielle doucement ; je n'étais pas ici pour toi ; tu vas tout à l'heure en avoir la preuve... Quel que soit le nom de celui à qui tu parles en l'absence de ton père, je n'ai pas défiance de toi, Aïdda : je sais que tu es noble de cœur et pieuse comme les anges... Je continue mon récit : Après le premier cavalier, qui était, je le répète, le marquis de Pescaire, un autre, plus jeune et encore plus beau, sauta sur le pavé du parvis... Il avait les cheveux épars et des gouttes de sang tachaient son justaucorps de buffle... Au devant de lui, Moncade faisait le moulinet avec son épée pour lui ouvrir un passage.

— Est-ce donc un si grand seigneur, fit la Mauresque, pour que le marquis de Pescaire lui ait ainsi servi de garde du corps ?

— Il portait hier le costume d'un pauvre hidalgo de province.

— Et aujourd'hui?... car tu l'as revu, j'en suis sûre.

Gabrielle, au lieu de répondre, écarta les feuillages entrelacés au-devant de sa croisée, et montra du doigt la fenêtre qui lui faisait face, de l'autre côté de la cour, à l'hôtellerie de Saint-Jean-Baptiste. Le regard de la Mauresque suivit ce geste. Elle aperçut, dans une chambre en désordre, sur un lit dont la couverture n'avait pas été relevée, un jeune homme élégamment vêtu, qui dormait le visage à demi caché par les boucles éparses de ses cheveux. Les premiers rayons du soleil arrivaient de biais dans ce réduit et mettaient en lumière les profils gracieux du dormeur, brillantant çà et là les anneaux abondants de sa chevelure.

Gabrielle avait raison : il était beau, et sa pose rappelait le juvénile abandon que les peintres de toutes les écoles ont prêté au sommeil de l'amant favori de Diane.

Aïdda, cependant, ne le compara point à Endymion. En ce premier moment, elle donna peu d'attention aux traits de son visage. Ce qui la frappa, ce fut le costume, car l'inconnu dormait tout habillé.

— Je connais ce manteau! s'écria-t-elle; et ce pourpoint... et la plume de ce feutre...

— Je me suis dit cela, murmura Gabrielle; j'ai

vu, moi aussi, la plume de ce feutre, ce pourpoint et ce manteau.

— Où donc?

— Sur ton balcon.

Cette fois, l'Africaine ne songea pas à nier.

— Mais qui est-ce donc celui-là, dit-elle seulement sans savoir qu'elle parlait, qui porte les vêtements de don Vincent de Moncade?

— Tu le sauras peut-être, répondit Gabrielle; mais le temps passe, et Vincent de Moncade n'est plus là comme hier pour lui porter secours.

Aïdda courba la tête et devint rêveuse.

— C'est peut-être lui qu'il veut sauver... murmura-t-elle.

— Lui, qui?

— Ecoute, fit l'Africaine, qui se redressa résolue et alerte : à Séville, quand on met la vie d'un homme au prix de cent onces d'or, chaque minute perdue est une once de sang tirée de ses veines... Tu dois avoir une idée, un plan... parle vite : je suis prête à risquer tout ce que tu risqueras.

Gabrielle se jeta à son cou. Elle se mit à danser dans la pétulance de sa joie. Elle avait une alliée, et c'était Aïdda. Il lui semblait que tout était gagné.

— Parle donc! reprit la belle Mauresque avec impatience; dis-moi ton plan... dis-le moi tout de suite!

A cette question précise, toute la joie de Gabrielle tomba :

— Je n'ai pas de plan, dit-elle, bonne Aïdda; c'est sur toi que j'ai compté.

Elle était bien humble, la pauvre Gabrille, en

faisant cet aveu. Aïdda, au contraire, semblait grandir, plus intelligente et plus vaillante, à mesure qu'augmentait sa responsabilité.

— Dis-moi tout ce que tu sais, ordonna-t-elle. Qu'advint-il de Moncade et de lui au sortir des Delicias de Galfaros?

— Ils entrèrent à l'église, protégés par les gueux. Mon père dit au chef des alguazils : « Ce n'est pas la peine de les poursuivre; la moitié de la ville est dans la conspiration. »

— Dans la conspiration! répéta la Mauresque; en est-on déjà à parler de la conspiration sur la place publique?

— Je répète les paroles de mon père. L'église fut cernée, mais les fugitifs étaient sortis par la poterne de la Vierge. Plus tard, vers deux heures, quand Pedro Gil et Moghrab sont rentrés à la maison, avec cet homme qu'ils appelaient seigneur duc...

— Medina-Celi? interrompit l'Africaine.

— Soit! quoiqu'il boive comme un portefaix, ce duc!... Quand ils sont revenus, j'ai appris qu'un inconnu, monté sur un cheval des écuries de Pescaire, avait quitté Séville au plus chaud de la méridienne, par la porte Royale.

— Et ensuite?

— Rien, pendant tout le reste de la journée. Le soir mon père est revenu tout joyeux... On dit qu'il est l'ennemi des Medina, ses anciens maîtres... et vois comme le monde se trompe ou ment, Aïdda!... la joie de mon père n'avait d'autre motif que le retour triomphant du bon duc... Se peut-il qu'un si puissant seigneur ait la soif d'un ouvrier du port!... Mais la captivité fait descendre les hommes... et le bon duc a été quinze ans captif... Mon père ne se coucha point; il reçut le toréador Cuchillo et d'autres... J'entendis qu'on disait : « Le petit hidalgo d'Estramadure (c'est ainsi qu'il désigne notre protégé) ne peut manquer de revenir à Séville... Nous savons l'aimant qui l'attire. » Quel est cet aimant? Je ne l'ai pas deviné. Ils disaient encore : « Son valet est resté à l'hôtellerie de Saint-Jean-Baptiste avec les deux chevaux... S'il peut franchir les portes de Séville cette nuit, c'est ici que seront gagnées les cent onces d'or. »

— Mon père était-il présent quand furent prononcées ces paroles? demanda la Mauresque.

— Non... Moghrab était à son laboratoire, avec le seigneur dont la litière noire est encore en bas.

Aïdda réfléchissait.

— Tu es sûre que la litière est encore en bas?. fit-elle.

— Je ne l'ai point vue partir... les porteurs doivent dormir sous la remise.

— C'est... continue.

— Il me reste peu de choses à t'apprendre... et Dieu veuille t'inspirer une bonne idée de salut!... Sais-je pourquoi la pensée du piège tendu à ce jeune gentilhomme, que je ne connaissais pas hier, éloignait le sommeil de mes yeux? Je descendis pieds nus, sans trop savoir ce que je voulais faire... En passant près de la porte, je frappai doucement; tu dormais... Je demandai au palefrenier de l'hôtellerie où logeait le paysan chargé de garder les deux chevaux... Il se fit en ce moment un bruit à la porte extérieure : c'était le gentilhomme qui frappait pour demander un gîte... Je le vis passer, je le reconnus... Il semblait accablé de fatigue, et, au lieu des pauvres habits qu'il portait le matin, il avait déjà ce riche costume tout souillé de poussière... Le hasard fit qu'on lui donna cette chambre qui s'ouvre vis-à-vis de nos fenêtres... Il se jeta sur son lit et s'endormit tout d'un trait, près de sa lampe qu'il oublia d'éteindre.

— Il était quelle heure? dit Aïdda.
— Pas tout à fait minuit.
— Et depuis ce temps?
— Tu vas me croire folle... Depuis ce temps je songe, je cherche, je mets ma pauvre cervelle à la torture, et je le regarde dormir.
— C'est tout?
— Hormis un détail... Un peu avant que tu sortes, cinq hommes, enveloppés dans des manteaux bruns, ont monté l'escalier de l'hôtellerie. Ils se sont arrêtés à l'étage où est la porte du jeune gentilhomme, laquelle s'ouvre sur un corridor intérieur... J'ai failli mourir d'effroi, car j'ai cru qu'ils allaient faire invasion dans sa retraite; mais ils ne sont pas entrés.
— Et tu ne les a pas vu ressortir?
— Non, quoique j'aie toujours fait sentinelle.
— Alors, dit Aïdda, ils ont dressé une embuscade à sa porte. La retraite est coupée, et mon idée ne vaut rien.
— Quelle idée, ma bonne Aïdda?
— Comment faire pour tromper leur surveillance? murmura celle-ci au lieu de répondre.

La blonde Gabrielle se mit à chercher, mais elle ne trouvait point. Les larmes lui venaient aux yeux, tant elle accusait cruellement son impuissance.

Tout à coup Aïdda se toucha le front.

— Décroche ton hamac, dit-elle.

Gabrielle obéit sans demander d'explications, car elle avait grande confiance en son amie ; Aïdda défit les cordes de soie destinées à soutenir le hamac, et les réunit par un nœud solide, puis elle dit :

— Ce n'est pas assez long : va chercher le mien.

— Que veux-tu faire ? interrogea pour le coup Gabrielle, qui se mourait d'envie de savoir.

— Va vite ! insista l'Africaine ; le temps passe.

Gabrielle descendit quatre à quatre l'escalier qui conduisait chez sa compagne, et remonta l'instant d'après avec le filet léger qui servait de lit de jour à la belle Mauresque.

Les choses avaient bien changé pendant la minute qui venait de s'écouler. Elle trouva Aïdda appuyée sur le balcon, et causant déjà avec le jeune cavalier qui était à sa fenêtre.

Un quartier de grenade que l'Africaine tenait encore à la main apprit à Gabrielle de quel projectile on s'était servi pour interrompre le sommeil de son inconnu.

Notre Ramire allait vite en besogne. Malgré son sublime amour pour Isabel, il envoyait déjà des baisers à la volée.

Disons, pour l'excuser, que ces brusques réveils laissent la cervelle un peu troublée ; sans doute, ce parfait amant n'avait pas bien la conscience de sa culpabilité.

Gabrielle resta toute interdite. Aïdda lui prit le hamac qu'elle tenait à la main, et se hâta d'allonger la corde.

Elle attacha une orange à l'un des bouts, et lança le tout au travers de la cour en disant :

— A vous, seigneur cavalier !

Ramire eut l'adresse de saisir l'orange et le cordon de soie. Il ne savait point encore de quoi il s'agissait et croyait à un pur enfantillage de jeunes filles.

— Merci, dit-il en portant l'orange à ses lèvres, j'aurais voulu seulement la partager avec vous.

Aïdda mit son doigt sur sa bouche d'un air si impérieux qu'il demeura muet et tout surpris.

Il se faisait du bruit dans la cour. Nos saltarines montaient l'escalier de l'hôtellerie, et Bobazon amenait ses chevaux à la fontaine.

Le doigt de l'Africaine ordonna le silence jusqu'au moment où Ximena entra chez l'Anglais, tandis que Carmen et Seraphina poussaient la porte de Cuchillo, le toréador. On se souvient peut-être que les trois danseuses, revenant des Delicias de Galfaros, avaient précisément parlé de l'étranger dont la tête était mise à prix.

C'était là un des premiers appâts qui avaient excité la convoitise de Bobazon.

Aïdda saisit au vol quelques bribes de l'entretien. Elle attendit immobile. Gabrielle avait le cœur serré, car le jour allait grandissant.

Bientôt il ne resta dans la cour que Bobazon, Migaja et Pepino. Dans l'ombre qui persistait au fond de cet entonnoir formé par les deux maisons jumelles, on voyait briller faiblement cette jalousie derrière laquelle Pedro Gil opérait ses mystérieux payements. Le bruit des voix montait. Aïdda vit Bobazon s'approcher de la jalousie pour écouter.

Elle saisit ce moment et dit tout bas à Ramire :

— Cavalier, ceci n'est point un jeu. Il s'agit de vie et de mort... Je vous adjure d'attacher solidement la corde à l'appui de votre balcon.

— Avez-vous donc besoin de moi, belles dames? demanda Ramire.

— Oui, répondit l'Africaine sans hésiter.

Ramire attacha la corde de soie à son balcon.

— Je suis tout à vous, reprit-il, dites-moi seulement ce qu'il faut faire.

Aïdda tendait la corde.

— Aide-moi, commanda-t-elle à Gabrielle.

Leurs efforts réunis parvinrent à serrer un nœud qui fixait fortement l'autre extrémité de la corde au balcon de la fenêtre de Gabrielle.

Aïdda enjamba résolûment la barre d'appui et se suspendit à ce frêle soutien.

— Que faites-vous? s'écria Ramire effrayé.

Un cri s'était étouffé dans la poitrine de Gabrielle, plus morte que vive.

— J'essaye, répondit froidement l'Africaine.

Elle resta un instant balancée à la corde, en dehors, puis elle regagna le balcon.

— Il est plus lourd que toi! murmura Gabrielle qui avait deviné, car sa voix tremblait

— C'est de la soie de Ceuta, répondit la Mauresque, dont un fil porterait un homme.

Elle ajouta en se forçant à sourire :

— Êtes-vous prêt, seigneur cavalier ?

Pour toute réponse, Ramire enjamba à son tour l'appui de son balcon.

— Halte ! s'écria Gabrielle, penchée tout entière au dehors.

Son doigt crispé montrait le fond de la cour, où se passait cette scène que nous avons racontée dans un des précédents chapitres : Moghrab surprenant Bobazon aux écoutes.

Ramire, suivant la direction indiquée par le doigt de la jeune fille, vit le danger et se colla aux barreaux du balcon.

Aïdda, muette et pâle, dévorait des yeux les demi-ténèbres de la cour. La sueur ruisselait sur son front.

Dès que Moghrab eut entraîné Bobazon pour lui confier la mission que nous savons, Aïdda frappa dans ses mains et dit :

— Allez !

Gabrielle ferma les yeux et posa la main sur son cœur qui défaillait. Ramire fit une première brasse. Les deux balcons crièrent à la fois et la corde s'allongea terriblement.

— Au nom de Dieu, fit Gabrielle, retournez sur vos pas !

— N'en faites rien, au nom de Dieu ! prononça l'Africaine d'une voix contenue, mais ferme.

Nous savons si Ramire était brave ; cependant il hésita. Rien n'épouvante comme la menace du vide, abîme béant qui s'ouvre sous vos pieds.

L'entreprise semblait si folle que toute réflexion lui devait être contraire.

— Mes belles, demanda Ramire, dont les doigts ressaisirent un barreau du balcon, n'y a-t-il pas une autre voie pour parvenir jusqu'à vous ?

— Aucune, répondit Aïdda.

— Cet escalier ?

— Il vous faudrait passer devant la fenêtre de Cuchillo.

— J'ai déjà ouï parler de ce Cuchillo, murmura Mendoze, mais il y a la porte.

— Votre porte est gardée.

— Ah çà ! fit Ramire, dont cette parole éveilla les soupçons, le danger en question est-il donc pour moi ?

Les deux jeunes filles devinèrent à la fois que cette pensée arrêterait l'élan du cavalier.

Gabrielle ouvrit la bouche pour répondre affirmativement, car le péril de la traversée lui semblait désormais supérieur à tous les autres, mais Aïdda prit les devants.

— Le péril est pour nous, répondit-elle ; au nom de Vincent de Moncade, votre bienfaiteur, agissez en Espagnol et en gentilhomme.

Mendoze ne discuta plus. Sa main s'assura seulement que son épée pendait à son flanc. Il saisit la corde et se laissa glisser.

Malgré toute la confiance qui se peut accorder à la soie de Ceuta, dont un fil soutiendrait un homme, c'était un spectacle effrayant que de voir une créature humaine suspendue à ce mince et tremblant appui. La corde, tendue par le poids mouvant qui sans cesse se rapprochait de son milieu, s'allongeait à l'œil ; son diamètre, déjà si faible, semblait diminuer encore. Le regard fatigué arrivait à ne plus saisir cette courbe imperceptible au centre de laquelle se balançait un homme ; Ramire paraissait pendre dans le vide.

La corde résistait cependant, la vaillante corde africaine. Gabrielle, qui en avait pris le bout dans ses pauvres belles mains, convulsivement crispées, gardait ses yeux cloués sur le nœud. Aucun fil hérissé ne se détordait. Le lien souple et léger restait entier.

Elle s'applaudissait déjà, croyant gagnée cette prodigieuse gageure, lorsque la voix d'Aïdda, brisée par l'épouvante, frappa son oreille.

— Tiens ferme, disait-elle ; la barre du balcon faiblit. C'était trop vrai. Le poids de Mendoze attirant violemment la balustrade mignonne, qui, certes, n'était point faite pour supporter des épreuves pareilles, l'entrainait hors de son aplomb. Aïdda venait de s'apercevoir que les barreaux perdaient leur position verticale et se penchaient en avant.

Le plancher, subissant la pesée de ces leviers, gémissait, prêt à éclater.

— Tiens ferme ! répéta-t-elle ; sa vie est entre nos mains.

Ramire, qui ne se doutait point de ce danger nouveau, avançait toujours, fournissant avec adresse et vigueur sa course aérienne. Les deux jeunes filles, attelées à la barre, faisaient contrepoids de tout leur pouvoir. Elles luttaient avec cette vaillance résignée qui est le courage des femmes. Désormais aucune parole n'était échangée entre elles ; elles comprenaient que le péril était désormais commun. Rivées qu'elles étaient au balcon,

5.

dans leur suprême effort, la chute du cavalier devait fatalement les entraîner à soixante pieds de profondeur sur le pavé de la cour.

Mais la pensée de déserter cette tâche ne vint ni à l'une ni à l'autre. Vous les eussiez vues toutes les deux, pâles et belles différemment, s'acharner à leur œuvre avec l'entière conscience du danger personnel qu'elles couraient. Leurs yeux se levèrent seulement vers le ciel ; elles firent par la pensée le signe de la croix et donnèrent leur âme à Dieu.

Quelques secondes s'écoulèrent, longues comme des heures. Mendoze gagnait du terrain, il est vrai, mais la balustrade fléchissait malgré les efforts réunis de ces mains charmantes et trop faibles.

— Je ne peux plus... murmura Gabrielle prête à défaillir.

— Courage ! répondit Aïdda blême comme une morte.

— Nous y voilà, mes belles ! dit en ce moment Ramire, dont le visage souriant n'était plus qu'à quelques pieds de la galerie.

Il leva les yeux par hasard ; il vit ces deux pauvres anges qui semblaient deux mortes, inclinés déjà au-dessus de l'abime. Il devina. Son cœur se serra dans sa poitrine.

— Reculez-vous ! lâchez prise ! cria-t-il d'une voix étranglée.

Le plancher du balcon rendit un long craquement. Il se fendait par le milieu.

— Courage ! répéta Aïdda ; vous nous perdrez si vous hésitez.

L'idée de se laisser choir au fond du gouffre pour sauver ces deux chères créatures, traversa le cerveau de Ramire. Il hésita, en effet, un instant, et c'était trop.

Mais la douce voix de Gabrielle la blonde s'éleva.

— N'aimez-vous donc rien en ce monde, cavalier?... murmura-t-elle, un effort!... un effort!

L'image adorée d'Isabel passa devant les yeux de Ramire.

Hélas! pauvre petite Gabrielle!

Ramire concentra toutes ses forces en un dernier élan.

Il parvint à saisir un des barreaux, et, fort de cet appui solide, il franchit la balustrade d'un bond, entraînant avec lui les deux jeunes filles qui s'affaissèrent dans ses bras.

Ainsi sont-elles. Le danger passé les laisse évanouies ou brisées. En ce monde, il n'y a rien de miraculeusement beau comme le courage des femmes.

De grosses larmes roulaient dans les yeux de Gabrielle. Aïdda était immobile, son cœur n'envoyait pas une goutte de sang à sa joue. Vous eussiez dit une statue.

Ramire les porta tour à tour dans la chambre. Il frémit quand son regard tomba sur les tringles faussées du balcon.

— Senoritas, demanda-t-il cependant, que faut-il faire pour don Vincent de Moncade?

VI

PRÉCIEUX ATTELAGE

Quelques minutes s'étaient passées : Ramire, Aïdda et Gabrielle étaient toujours réunis dans la chambre de cette dernière. Les deux jeunes filles, complètement remises de leur frayeur, avaient repris chacune sa physionomie propre. Mendoze subissait pour un peu cet embarras qui prend les plus braves de son âge en présence des femmes.

Il se tenait debout près de la croisée ; Gabrielle, souriant d'un sourire espiègle et timide à la fois, baissait ses grands yeux bleus qui savaient regarder au travers de ses paupières. Aïdda pensait.

— Ton père aime le vin, dit-elle brusquement à Gabrielle ; as-tu la clef de l'armoire où il met son alicante ?

Mendoze releva sur elle son œil étonné. Il venait de province ; il avait dans la tête bon nombre d'histoires romanesques.

— Senoritas, dit-il, vous n'avez pas besoin de m'enivrer. Je déclare à l'avance que, sauf actions contraires à l'honneur d'un hidalgo, je suis prêt à risquer ma vie pour votre service.

Gabrielle aussi s'étonnait, mais en silence.

Aïdda tourna vers le cavalier son regard profond, d'où elle voulait chasser une nuance de moquerie.

— Seigneur, dit-elle, ce n'est pas vous que nous voulons enivrer.

— Et qui donc? demanda la fille de Pedro Gil.

— As-tu les clefs? insista l'Africaine.

Gabrielle souleva le couvercle d'un petit coffre et prit un trousseau de clefs, parmi lesquelles s'en trouvait une d'acier poli et guilloché. Les clefs ont un langage comme les fleurs. On reconnaît celle de l'armoire préférée, à part même les ornements qui peuvent l'embellir. La gloire des clefs, c'est le brillant que l'usage donne. Voyez la clef du linge chez une ménagère, la clef du coffre-fort chez l'homme d'argent, la clef du réduit où vous serrez vos adorés chiffons, mesdames, la clef de la bibliothèque d'un savant, la clef du cabinet d'un amateur.

Il paraît que la clef favorite chez l'oidor Pedro Gil était celle du bahut aux bons vins.

— Prends deux flacons d'alicante, ordonna encore la Mauresque.

Gabrielle poussa une porte qui communiquait avec l'appartement de son père. Elle revint, l'instant d'après, portant les deux flacons.

— Senoritas, murmura Mendoze, à qui tout ceci plaisait médiocrement, quelle diable de besogne allez-vous me commander?

— A vous, aucune, seigneur cavalier, répondit Aïdda sèchement; votre rôle est de rester en repos et d'attendre.

— Cela serait-il très utile à mon noble ami le marquis de Pescaire? interrogea Mendoze.

— Vous en jugerez, seigneur.

Ramire se jeta sur un divan et dit avec l'insouciance de son âge :

— L'aventure a commencé comme celles des romans de chevalerie... Le mystère sied bien à ces imbroglios... Mais si j'avais su que mon rôle fût de rester étendu sur ces coussins, j'aurais accompli avec moins de zèle le tour de force qui m'a conduit ici.

Aidda prit la main de Gabrielle et l'entraîna. Elles firent toutes deux la révérence en passant devant Ramire, qui les suivit des yeux en souriant.

— Vont-elles m'enfermer? se demanda-t-il.

La clef qui tourna dans la serrure répondit péremptoirement à sa question.

— Pauvres belles! pensa-t-il, elles n'ont pas songé à la fenêtre.

Il se leva, non pas pour s'enfuir, car cette captivité ne lui déplaisait point, mais pour bien constater qu'entre lui et la liberté il n'y avait que ce faible rempart de feuillages et de fleurs.

C'était la vérité. Le balcon, communiquant avec l'escalier extérieur, était de plain-pied avec la fenêtre.

Pendant qu'il examinait cela, un mouvement qui se fit en face de lui, de l'autre côté de la cour, attira son attention. Il aperçut, par la fenêtre ouverte de sa chambre, située précisément vis-à-vis de lui, de sombres visages, des manteaux bruns et des feutres rabattus. Il entendit même ce bruit des rapières qui se heurtent contre les meubles.

Il s'orienta. Son étonnement fut grand quand il se rendit compte de ce fait que la chambre où s'agitaient tous ces personnages à lugubre mine était celle qui lui avait servi de retraite cette nuit.

On avait dû y pénétrer par la porte donnant sur le corridor intérieur.

Les alguazils et archers se comportaient du reste en limiers sûrs de tenir la piste. Ils cherchaient sous le lit, derrière les draperies; ils sondaient le fond des placards avec leurs baguettes et leurs épées.

Deux d'entre eux sortirent sur le balcon, et Ramire se vit perdu, car la corde de soie restait attachée aux deux balustrades comme une dénonciation muette de la voie que le fugitif avait prise.

Les alguazils, en effet, examinèrent la corde et parurent se consulter.

Mais l'un dit en haussant les épaules :

— Un lapin briserait cela! Ce n'est bon qu'à faire sécher du linge !

En regardant mieux, Ramire vit que, par une admirable prévoyance, les deux fillettes avaient étendu sur la corde, avant de s'éloigner, leurs écharpes, leurs mouchoirs et quelques menues pièces de lingerie. Ces petits stratagèmes de femme ont beau être communs et tout naïfs, ils réussissent toujours.

Ramire se tint coi derrière les lianes et attendit.

En le quittant, Aïdda et Gabrielle avaient descendu un étage. L'Africaine avait introduit sa compagne dans l'appartement de son père, absent comme Pedro Gil.

Nous savons où l'on eût trouvé le sorcier Moghrab à cette heure.

Aïdda avait laissé Gabrielle dans la première pièce, meublée à l'orientale avec un certain luxe ; elle était entrée toute seule dans une grande salle dont les fenêtres closes opposaient une barrière presque impénétrable aux premiers rayons du jour. D'épaisses draperies tombaient du plafond jusqu'au tapis.

Il n'y avait pour meubles dans cette salle que des coussins, rangés autour des lambris, pour ornement qu'une sorte de calvaire en bois sculpté et point, où l'on voyait le saint crucifix entouré des attributs de la Passion.

Personne n'ignore que les infidèles avaient souvent dans leur logis des représentations de cette sorte, soit pour parer autant que possible aux sévérités de l'Inquisition, soit pour se livrer à certaines profanations systématiques dont la coutume, dit-on, ne s'est pas entièrement perdue.

En passant devant le calvaire, Aïdda fléchit le genou et fit le signe de la croix. Ses grands yeux noirs dardèrent au ciel ce regard éloquent qui est toute une prière.

Comme elle se relevait, un mot tomba de ses lèvres merveilleusement sculptées :

— Mon Dieu ! qu'il m'aime !

Puis, hâtant le pas, elle traversa la salle dans toute sa longueur, pour gagner un cabinet dont l'unique fenêtre donnait sur la rue de l'Infante. Ce cabinet semblait une succursale de la fameuse chambre des sortilèges, située au premier étage de la maison. Il ne renfermait à la vérité ni panthère vivante ni reptiles empaillés, mais une armée de bocaux étiquetés de latin et de grec se rangeait sur des planchettes régnant tout à l'entour.

Aïdda portait les deux flacons d'alicante. Elle les déboucha tous les deux et prit dans un bocal de verre, capuchonné avec soin, deux ou trois pincées d'une poudre de couleur neutre, qu'elle introduisit à dose égale dans les flacons.

Ce fut tout. Elle recouvrit le bocal, reboucha les flacons, et joignit sa compagne, qui l'attendait dans la pièce d'entrée.

— Où allons-nous ? demanda Gabrielle.

— Chercher les moyens de faire sortir ton beau cavalier sans qu'on le voie, répondit Aïdda.

La jolie blonde avait recouvré toute sa pétulance.

— Tu me fais mourir avec tes réponses ambiguës, s'écria-t-elle. Va! tu n'es encore qu'une moitié de chrétienne, puisque tu ne comprends ni l'impatience ni la curiosité.

L'Africaine lui mit un doigt sur la bouche en disant :

— Ecoute !

On entendait des voix sur le balcon de la maison jumelle, au devant de la chambre occupée naguère par Mendoze.

Les deux jeunes filles se glissèrent jusqu'à la croisée et regardèrent.

C'était au moment où deux alguazils examinaient la corde de soie.

Elles échangèrent un sourire. Celui de Gabrielle n'était pas exempt d'inquiétude.

— Sois tranquille ! murmura la Mauresque, nous le sauverons.

Au lieu de se réjouir, Gabrielle devint plus triste.

— Qu'as-tu donc ? demanda Aidda.

— Tu ne me laisses rien à faire, repartit Gabrielle.

Les alguazils venaient de rentrer dans la chambre de Mendoze.

— Viens, dit Aidda en souriant, je vais te donner de la besogne.

Elles sortirent toutes deux et descendirent l'escalier légères comme des gazelles. La cour était déserte. Aidda remit un des flacons à Gabrielle et lui dit :

— Les deux porteurs du comte-duc sont là, dans la remise ; voici une bouteille qui est fée. Nous allons les endormir comme si nous possédions la baguette du génie, dans les contes arabes.

Les beaux yeux bleus de Gabrielle s'ouvrirent tout grands.

— Les endormir, répéta-t-elle, et pourquoi ?

— Pour prendre leur place.

— La place des porteurs du comte-duc ? balbutia Gabrielle stupéfaite.

— Une fois que nous aurons la chaise, poursuivit l'Africaine, ce ne sera pas le comte-duc que nous porterons.

La jolie blonde resta un instant bouche béante, puis le rouge du plaisir lui monta aux joues, ses yeux pétillèrent. Elle se jeta au cou de sa compagne en disant :

— Je comprends, Aidda, je comprends !... Pourquoi n'ai-je pas autant d'esprit que toi ?

La Mauresque laissa glisser sur son front un long baiser de sœur aînée, et dit tout bas :

— C'est qu'il n'y a pas assez longtemps que tu aimes.

— Aimer ! fit Gabrielle de bonne foi, cela donne donc de l'esprit ?

Aïdda sourit et frappa résolûment à la porte de la remise.

— Entrez, dirent à la fois deux grosses voix.

Aïdda poussa la porte, qui céda aussitôt.

Tomas et Zaccaria étaient demi-couchés sur la paille, jouant aux dés auprès d'une chandelle collée aux dalles et qui achevait de se consumer.

Gabrielle tremblait bien un peu, mais l'idée de remplir un rôle la soutenait. Ceci, qu'on se le dise, est un souverain cordial pour la timidité des filles d'Ève. Au théâtre, les jeunes filles timides sont beaucoup moins troublées que les hommes hardis.

— Tiens, tiens ! fit Tomas, deux senoritas qui se trompent de porte !

— Et deux jolies ! ajouta Zaccaria.

— Que voulez-vous, mes belles petites ? demandèrent-ils à la fois.

— Parle, ma sœur, murmura Aïdda en baissant les yeux.

— Oh ! ma sœur, je n'ose ! répondit Gabrielle qui recula.

Tomas dit à son ami Zaccaria :

— Elles ont des bouteilles.

Leurs yeux brillèrent comme deux paires d'escarboucles. Ils se levèrent tous deux, repoussant leurs dés, et en prenant de galantes postures.

Tout Espagnol a des dispositions naturelles à faire la roue.

— On voit bien que vous êtes une très noble senora, reprit Tomas en s'adressant à Gabrielle, qu'il salua jusqu'à terre. Parlez sans crainte, si vous avez besoin de nous.

— Nous sommes tout au service de Vos Seigneuries, appuya Zaccaria en dessinant une respectueuse révérence à l'adresse d'Aïdda.

Les yeux ne quittaient pas les flacons, qui semblaient exercer sur eux une sorte de fascination.

— Nous ne sommes pas de nobles senoras, mes amis, répliqua l'Africaine, feignant un redoublement d'embarras ; nous sommes de simples fillettes, et nous ne savions pas qu'il était si malaisé de satisfaire une fantaisie.

— Si nous l'avions su... commença Gabrielle en poussant un gros soupir.

— Mais quelle fantaisie avez-vous ? interrogèrent les deux porteurs.

— Dis cela, toi, ma sœur.

— Ma sœur, tu sais mieux parler que moi.

— En un mot comme en mille, s'écria Zaccaria, ordonnez, nous obéirons !

Elles hésitèrent encore, puis Aïdda faisant un courageux effort :

— Ma sœur et moi, dit-elle, nous mourions d'envie de voir de près la litière de Son Excellence.

— Et le coussin sur lequel s'assied un si grand personnage, ajouta Gabrielle.

Les deux porteurs se consultèrent du regard. Ils avaient peine à s'empêcher de rire. Cependant Zaccaria dit en fronçant le sourcil :

— C'est grave.

— C'est même audacieux, enchérit Tomas.

— Mes amis, ne nous refusez pas, s'écria Aidda ; laissez-nous seulement passer la tête par la portière. Personne n'en saura rien, et ce n'est certes pas manquer de respect à votre maître.

— Qu'en dis-tu, toi, Zaccaria ? interrogea Tomas.

— Nous risquons gros, repartit Zaccaria ; il s'agirait de savoir ce que les senoritas donneront pour cela.

— Hélas ! fit Gabrielle, — nous n'avons point d'argent.

— Nous avions apporté ces flacons, ajouta Aidda, — espérant que vous étiez peut-être de bons garçons, qui aiment à se rafraîchir.

Elle tendait sa bouteille à Zaccaria ; Gabrielle faisait de même à l'égard de Tomas.

Encore une fois, nous tenons pour légitime et inattaquable la réputation de sobriété conquise par la race ibérique. Il y a du chameau dans ces basanés ; mais quand le chameau rencontre une source au fond du désert, il boit d'un seul trait pour toute sa semaine.

Tomas et Zaccaria firent comme le chameau, type pur et universellement accepté de la tempérance. Ils avaient soif ; ils avancèrent leurs mains ; ils prirent les flacons et les débouchèrent vivement.

— Ce n'est pas par gourmandise, au moins, dit Zaccaria avant de mettre le goulot dans sa bouche ; — c'est pour faire plaisir à deux jolies demoiselles.

On entendait déjà le glouglou de la bouteille de Tomas.

Quand il eut bu ample rasade, il montra du doigt la chaise remisée dans un coin et dit :

— Regardez, on vous le permet.

— Mais ne touchez à rien ! recommanda Tomas.

Il fit en même temps claquer sa langue et porta sa main au creux de son estomac.

— C'est du vrai, dit-il.

— Un baume ! prononça pieusement Zaccaria !

Les deux jeunes filles s'étaient élancées vers la chaise et la contemplaient avec un respect plein d'émotion.

— Voilà donc, disait Aïdda tout haut, un objet qui appartient au meilleur ami du roi !

— Au plus illustre politique de l'univers ! ajoutait Gabrielle.

— A celui qui a vaincu le cardinal de Richelieu !

— Au comte-duc, qui a mis Buckingham sous ses pieds.

— Il a respiré là-dedans !

— Ses épaules ont touché cette doublure !...

— Dans cent ans, ma sœur, cette chaise sera une relique qui vaudra son pesant d'or.

— Ma sœur, penses-tu donc qu'on la veuille céder si bas prix ?... Elle sera mise dans le trésor royal... ce sera un des joyaux de l'Espagne.

Les porteurs écoutaient et buvaient.

— Sont-elles naïves, ces caillettes ! fit observer Tomas.

— Elles vont bientôt faire du comte-duc le plus grand saint du calendrier.

— Le diable doit rire...
— Quel velours que ce vin !

Ils burent. — Aïdda et Gabrielle avaient fait le tour de la chaise, qui était fort belle, mais sans aucune espèce de signe héraldique qui pût la distinguer. Cela n'empêchait point qu'elle ne fût très connue dans Séville.

Nos deux jeunes filles continuèrent un instant encore leurs exclamations admiratives, puis Aïdda, touchant le bras de Gabrielle, dit tout bas :

— Ne les perdons pas de vue. Dans quelques minutes ils ne nous gêneront plus.

— Il me semble que le plus grand a les yeux chargés de sommeil.

— Le plus petit chancelle.

— Qu'as-tu donc mis dans leur breuvage, Aïdda ?

Aïdda ne jugea pas à propos de répondre. Elle observait les deux porteurs, qui, après avoir choqué une dernière fois les flacons en signe de fraternité parfaite, les égouttaient avec soin dans leur bouche. Ils étaient pâles, tous deux, mais riants. Aucun indice de malaise ne paraissait sur leurs visages. Seulement, ils avaient le regard indécis, et le sourire énervé de l'ivresse abaissait le coin de leurs lèvres.

— Tu n'en a plus, toi, Tomas ? dit Zaccaria en contemplant d'un œil triste le vide de sa bouteille.

— J'ai tout bu... et toi ?

— J'ai tout bu... c'est vite fini une bouteille !

— Est-ce que ta tête tourne, à toi, Zaccaria ?

— Allons donc!...

— Te voilà qui penches à droite.

— Pour une bouteillet... j'en boirais dix!...

— Et moi cent... mais tu penches... à gauche.

Ce disant, Tomas se laissa choir tout doucement sur la paille, saisi qu'il était d'un rire somnolent et lourd.

Zaccaria voulut se moquer de lui, mais ses jambes fléchirent. Il s'allongea par terre auprès de son compagnon en répétant :

— J'en boirais dix!... quel baume!

Ses paupières battirent, puis se fermèrent. Tomas, qui le vit s'endormir, eut une velléité vague de résister au sommeil qui s'emparait de lui. Il lança la bouteille à tour de bras contre la muraille, où elle se brisa.

— Je ne dors pas! balbutia-t-il, content d'avoir témoigné ainsi sa vigueur ; vous voyez bien que je ne dors pas!

Il n'aurait pas pu articuler un mot de plus. Il fit un demi-tour lentement, et s'affaissa auprès de son collègue, qui déjà ronflait de tout son cœur.

Gabrielle n'eut pas le temps de s'étonner.

— A l'œuvre, s'écria l'Africaine, sans prendre souci désormais de contenir sa joie; Dieu veuille que le comte-duc et mon père n'achèvent pas leur besogne avant notre départ!... mets-toi devant.

Elle poussa sa compagne entre les deux brancards.

— Penses-tu que nous pourrons soulever cela? fit Gabrielle.

— Il le faudra bien... pas de paresse, et en avant!

Les bridons qui d'ordinaire attelaient Tomas et Zaccaria se tendirent, tranchant en noir sur ces deux paires de ravissantes épaules. Elles donnèrent littéralement un coup de collier et la chaise fut soulevée.

— Tiens! dit Gabrielle, ce n'est pas si lourd que je le croyais.

— Hâtons-nous! hâtons-nous! ordonna la Mauresque; comme le jour a déjà grandi!

La porte de la remise fut refermée.

Nos deux charmants porteurs traversèrent en un clin d'œil la cour solitaire, et firent entrer la chaise sous la voûte de la maison du forgeron. Gabrielle ouvrit la portière, et s'installa sur les coussins avec ordre de garder le silence sous son voile, si quelque indiscret se permettait une question.

Aïdda monta pour chercher Mendoze.

Au bout de deux minutes, une porte située sous la voûte s'ouvrit en dedans. Aïdda et Mendoze parurent.

— Tu as donc une clef de l'escalier dérobé de mon père! dit Gabrielle, qui marchait de surprise en surprise.

— Nous causerons de tout cela plus tard, répondit l'Africaine; cède ta place au cavalier.

Gabrielle sauta hors de la chaise. Mendoze regarda tout autour de lui.

— Je vois bien la litière, dit-il, mais les porteurs...

Elles firent toutes deux en même temps une belle révérence, et Gabrielle répondit :

— Nous voici au service de Sa Seigneurie.

Comme Mendoze hésitait, l'Africaine ajouta d'un ton sérieux et pressant :

— Le risque est pour nous trois, désormais. Ne perdez pas celles qui s'exposent pour votre salut !

Des bruits intérieurs annonçaient que la forge n'allait pas tarder à s'ouvrir. On marchait déjà dans la rue de l'Infante. Mendoze s'assit sur les coussins de la chaise et demanda :

— Saurai-je enfin ce que je puis faire pour don Vincent de Moncade ?

Aïdda referma la portière.

— Cavalier, demanda-t-elle au lieu de répondre, par quelle issue vous plaît-il de sortir de Séville ?

— Mais, répliqua Ramire très vivement, je prétends ne pas sortir du tout de Séville !... hier soir j'ai risqué ma vie pour y rentrer.

Il mit en même temps la main au bouton qui retenait la portière.

— Au nom de Dieu, pas de folie ! s'écria la Mauresque.

— Au nom du diable ! fit Mendoze, je n'aime pas marcher les yeux bandés... Je suis maître, et Moncade lui-même n'aurait pas le droit de me conduire en laisse comme un lévrier musclé... S'il y a malentendu entre nous, mes belles, séparons-nous, et sans rancune !

Sous la porte close de la rue, des rayons de jour passaient. On entendait au delà de cette barrière des pas lents et réguliers comme ceux des sentinelles en faction. Et de temps en temps, à des intervalles réguliers, le jour de la porte était obscurci tout à coup.

La main étendue d'Aïdda montra la porte.

— Écoutez et voyez, dit-elle à Mendoze, les deux maisons sont cernées.

— Avec ma bonne rapière, je passerai.

— Avec votre bonne rapière vous serez pris. Votre tête est estimée cent onces d'or; avec moitié de cette somme on ferait un lion de chacun de ces malheureux.

— Je vais donc combattre ce troupeau de lions! s'écria Mendoze, car mon cœur et ma vie sont à Séville; je n'en veux point sortir.

La charmante tête de Gabrielle s'inclina sur sa poitrine.

— Il aime! pensa-t-elle, tandis que deux larmes brûlaient sa paupière abaissée.

L'Africaine frappa du pied avec colère. Un éclair s'alluma dans ses yeux.

— Ne le menace pas, ma sœur! murmura Gabrielle à son oreille.

Aïdda fit effort pour réprimer sa fougueuse impatience, et gronda entre ses dents serrées :

— Ce paysan va-t-il nous tenir en échec?

— Seigneur cavalier, reprit-elle tout haut, avez-vous, dans la cité, quelqu'un ou quelque connaissance dont le logis puisse être un abri pour vous ?

— Le noble Moncade... commença Mendoze.

— La maison du noble Moncade, suspecte aujourd'hui, peut être ruinée demain.

— A Dieu ne plaise!

— Amen! seigneur cavalier, mais le temps s'écoule... N'avez-vous d'autre ami que don Vincent de Moncade?

Mendoze réfléchissait.

— Sauriez-vous me dire, senora, demanda-t-il,

si le duc de Medina-Celi est rentré en son palais?

— Depuis hier au soir, oui, seigneur.

— Alors le palais du duc de Medina-Celi sera mon asile.

— Qu'il soit fait suivant votre volonté... fermez vos rideaux, et, quoi qu'il arrive, ne prononcez plus une parole!

Cette fois, Mendoze obéit. Seulement, quand il fut caché derrière les draperies noires de la chaise ministérielle, il mit son épée en travers sur ses genoux.

Un peu de défiance était bien permise au milieu de ce dédale d'aventures.

La lourde porte de la maison du forgeron fut ouverte. La litière passa le seuil. Les alguazils et archers étaient en embuscade sous les porches voisins. Il y eut un mouvement parmi eux à la vue de la litière noire.

— La chaise de Son Excellence! dit l'un d'eux.

— Portée par deux jeunes filles! ajouta un autre.

— Et sortant du logis du maragut!...

Plus d'un, parmi les archers, se signa en tournant la tête à la dérobée. Quel mystère recouvrait cette apparence étrange : la chaise du comte-duc portée par deux belles jeunes filles!

Ceci avait-il trait aux sortilèges de Moghrab le mécréant?

Ou le favori de Philippe arrivait-il, comme le bruit en avait déjà couru dans le public, à commettre des actes d'extravagance?

La chaise passa. Les jeunes filles muettes et graves allaient d'un pas rapide malgré la pesanteur de leur fardeau.

Quand elles eurent tourné l'angle de la rue de l'Infante, alguazils et archers sortirent des porches et se rassemblèrent en groupes devant la maison du forgeron.

— J'ai vu le temps, dit un vieil archer de l'hermandad, où les plus grands seigneurs se servaient de bétail noir pour atteler leur chaise.

— C'est métier de Maure et de damné, voilà la vérité !

— Depuis, les gens de la cour se mirent à prendre des chrétiens...

— Et maintenant voilà qu'ils attellent des femmes !

— Nous vivons dans un siècle de perdition !

— A votre besogne ! commanda rudement le chef des alguazils ; je connais une autre mode qui vient, c'est le bâton... Si l'hidalgo d'Estramadure s'échappe, vous serez bâtonnés... veillez !

Dans la rue les passants matineux se montraient les uns aux autres cette chaise noire qui allait silencieusement. L'incognito du favori était le secret de la comédie : de toutes parts, on se disait à l'oreille :

— Le comte-duc ! le comte-duc !

Et Dieu sait que les commentaires n'étaient pas épargnés. On parlait bas et l'on se cachait pour parler, car chacun devinait derrière les draperies sombres le sombre visage de Gaspar de Guzman. Mais toute compression amène l'explosion. Cette rumeur bizarre se mit à courir par la ville : le comte-duc attelait des jeunes filles à sa chaise !

Cette rumeur avait la suprême condition des nouvelles qui font fortune : l'absurdité.

Elle pénétra en un clin d'œil au fond des quartiers les plus éloignés. Séville, c'est déjà l'Orient ; Séville aime les contes merveilleux. Ceci était de la démence orientale. Le conte réussit comme si on eût montré à cette population fiévreuse et bavarde le char du vizir traîné par des lions d'Afrique.

D'où revenait-il, ce vizir ? Que s'était-il passé dans les ténèbres de cette nuit ? Allait-on avoir un sérail à l'Alcazar ? Si le ministre agissait ainsi, que ne devait point oser le roi ?

Il y avait alors en Espagne une vaste conspiration dont le but était vague et la marche mal dirigée. C'était comme une troupe d'assaillants désordonnée et toujours prête à se débander, se ruant à l'assaut d'une place à peine défendue. Au moindre choc, les assiégés et les assiégeants lâchaient pied. La panique était dans les deux camps et, comme il arrive parfois, dit-on, dans les héroï-comiques mêlées de l'insurrection chinoise, le champ de bataille ne restait à personne.

Si les conspirateurs eussent inventé cette machine de guerre, s'ils avaient eu l'idée de cette baroque exhibition, nous devrions marquer un point à leur jeu, mais tout le mérite en était au hasard.

C'était un expédient purement fortuit. Aidda, qui était peut-être de la conspiration, n'avait point voulu servir ici les conspirateurs.

Et quant à notre Gabrielle, la jolie blonde, Dieu sait qu'elle n'avait eu d'autre pensée que de sauver ce beau jeune homme dont la tête était mise au prix de cent onces d'or.

Quand elles arrivèrent sur la place de Jérusalem, Aïdda, qui marchait en avant, se dirigea d'abord vers la porte de la maison de Pilate. Nos deux gentils porteurs étaient bien las déjà, et la sueur découlait de leurs fronts.

Mais il y avait du monde sur la place et devant la porte ouverte de la maison de Pilate. Les serviteurs de Medina-Celi étaient groupés. Impossible de faire descendre Mendoze sans donner le mot de l'énigme.

Aïdda poussant un soupir de fatigue tourna sur sa droite et prit ce long chemin suivi déjà par Bobazon et ses deux chevaux. Avant d'entrer dans la ruelle, elle s'approcha de la portière et parla bas à Mendoze. Les alguazils qui avaient arrêté Bobazon croisaient toujours à la tête du sentier.

Une grosse voix s'éleva derrière la draperie et prononça d'un ton impérieux :

— Au large, coquins !

Les alguazils disparurent comme une troupe de corbeaux.

Le soleil montait à l'horizon. La chaleur devenait accablante. Nos deux fillettes, acharnées à leur tâche, s'engagèrent dans ces terrains crayeux et désolés qui s'étendaient à droite des abattoirs de Trasdoblo. Elles cherchaient un peu d'ombre pour prendre quelques instants de repos. L'une et l'autre étaient arrivées depuis peu à Séville, car Moghrab et Pedro Gil avaient eu jusqu'alors à Madrid, leur habitation ordinaire. Ils vivaient de la cour. En conséquence, Aïdda et Gabrielle connaissaient peu ces quartiers déserts, qui n'avaient avec le centre de la ville que des communications détournées.

Quant à Mendoze, il était là complétement dépaysé.

Ce fut au moment où elles regagnaient la ruelle, après avoir pris un peu de repos à l'abri d'un mur en ruine, que Bobazon les aperçut pour la première fois. Elles ne pouvaient voir Bobazon, mais elles avisèrent fort bien ces deux hommes de méchante mine qui, regardant tout autour d'eux avec précaution, se dirigeaient vers les sacs déchargés auprès de la fontaine.

Aïdda ordonna de faire halte. Il fallait que l'entrée de Mendoze dans la maison d'asile n'eût aucun témoin.

Nos deux rôdeurs, qui, par leur costume et leur tournure, appartenaient manifestement à la population du faubourg de Triana, tout pavé de Maures convertis ou relaps, ou même de chrétiens brouillés avec le saint tribunal, firent à demi le tour de la fontaine des Lions, et, revenant brusquement sur leurs pas, s'emparèrent des sacs abandonnés.

Après avoir échangé quelques paroles à voix basse, ils chargèrent leurs sacs et se dirigèrent à toutes jambes vers les terrains vagues de l'ancien quartier incendié. Aïdda, profitant de leur absence, donna le signal du dernier effort. La chaise atteignit la poterne de la maison de Pilate, qui donnait sur l'abreuvoir. Mendoze en sortit. Les deux jeunes filles lui tendirent tour à tour leurs fronts, qu'il baisa fraternellement, puis Aïdda essaya d'ouvrir la poterne, qui se trouva fermée à clef.

Gabrielle restait toute pensive. Ses yeux n'osaient point rencontrer le regard du cavalier depuis que la bouche de ce dernier avait touché son beau front.

— Êtes-vous bien sûr de trouver l'hospitalité là-dedans? demanda l'Africaine en montrant les jardins de Pilate.

— J'en suis sûr, répondit Mendoze.

— Aidez-moi donc à ranger la chaise près du mur, répondit Aidda, et que Dieu vous conserve!

La chaise servit de marchepied à Ramire, qui aurait sauté tout de suite dans le jardin, s'il n'eût aperçu sous un massif Encarnacion et le comte de Palomas en conférence privée. A quelques toises de là, les jardiniers travaillaient, sans doute en considération du retour du maître. Le passage était clos.

Mendoze resta à cheval sur le mur pour attendre une occasion favorable.

A ce moment, nos deux rôdeurs revenaient de leur expédition. Les sacs de son étaient en sûreté dans quelque trou à eux connu. Ils manœuvraient déjà pour détourner les deux chevaux qu'ils avaient avisés de l'autre côté de l'abreuvoir.

— Ismail! appela tout bas Aidda.

Ils tressaillirent, mais, selon la coutume des gens de leur race, ils ne tournèrent point la tête vers l'endroit d'où venait la voix.

— Sélim! prononça encore l'Africaine qui releva son voile.

Les deux vagabonds glissèrent enfin un regard cauteleux vers la poterne.

A peine eurent-ils reconnu la fille de Moghrab

qu'ils posèrent leurs mains sur leurs fronts, en fléchissant par deux fois les genoux.

Aïdda leur fit signe d'approcher. Ils obéirent.

C'étaient deux sauvages figures de coquins, montées sur des corps hâves et maigres à peine vêtus de quelques lambeaux aux couleurs dures et tranchées.

Aïdda leur dit quelques mots en arabe. Ils se placèrent docilement entre les deux brancards.

— Monte! reprit l'Africaine en s'adressant à sa compagne.

Celle-ci adressa un dernier regard à Mendoze, qui lui envoya de la main un souriant baiser.

Hélas! le sourire gâtait le baiser. Les yeux de la pauvre Gabrielle se mouillèrent.

— Conduisez-nous où vous avez caché les sacs! ordonna Aïdda.

Ismail et Sélim se prirent à trotter en hommes qui n'étaient point novices à ce métier de porteurs. Les sacs étaient accotés au revers d'un mur, non loin de l'embouchure de la ruelle.

Aïdda fit descendre Gabrielle et mit une pièce d'or dans la main d'Ismail.

— Vous avez fait une bonne matinée, leur dit-elle; chargez là dedans le sac qui a une tache rouge, et ramenez à l'Alcazar la chaise de son Excellence le comte-duc.

— Que faudra-t-il dire? demanda Ismail.

— Il faudra dire que la chaise renferme tout ce que les alguazils de Séville cherchent en vain depuis vingt-quatre heures... Allez!

VII

MÈRE ET FILLE

C'était la chambre à coucher de la duchesse Éléonor : une vaste pièce carrée avec un plafond en forme de baldaquin, composé de quatre cartouches accolés qui se formaient par un ovale d'azur, figurant le ciel ; les boiseries hautes et chargées de lourdes sculptures encadraient des panneaux peints par quelque vieux maître dans la manière la plus noire de l'école espagnole.

Le lit, bas et large, avait quatre colonnes torses soutenant un dais de velours dont les arêtes d'or bruni brillaient faiblement.

La ruelle contenait une niche ou chapelle tapissée d'une tenture bleu sombre, semée d'étoiles d'or. On y pouvait dire la messe.

Vis-à-vis du lit, entre les deux fenêtres, dont la carrure, pesante et grave à la fois, offrait ce type achevé de la vieille architecture espagnole, un portrait en pied s'éclairait à rebours dans son cadre sévère et sans dorure.

Ce portrait était celui d'un homme de guerre, tout jeune encore et dans tout l'éclat de sa mâle beauté.

A mesure que l'œil s'habituait à la demi-obscurité qui régnait dans cette pièce, on aurait pu distinguer les objets représentés par les panneaux ; c'était la légende historique du fameux Alonzo Perez de Guzman « le cid de Tarifa », fondateur de cette noble dynastie des Medina.

Le premier panneau, coupé au-dessus de la porte d'entrée, contenait le chiffre du glorieux capitaine et la date de sa naissance, 1253, le tout entouré de fleurons où s'enroulait le nom de Valladolid, si fière d'avoir été son berceau.

Le second montrait les anges ameutés autour de Catherine, sa mère, à l'heure bénie où elle fit à l'Espagne ce précieux présent. Le troisième racontait l'enfance pieuse d'Alonzo. Le quatrième l'armait chevalier par les mains de don Claro de Mendoze, dans la chapelle du palais d'Alphonso le Sage.

Le sixième et le septième le montraient dans la mêlée, battant les infidèles qui fuyaient devant sa masse d'armes, toute hérissée de pointes d'acier longues comme autant de poignards.

Le huitième était consacré au siège de Tarifa, cette épopée qui motiva les armoiries chevaleresques accordées à la race de Medina.

On y voyait au haut d'une tour carrée Alonzo Perez de Guzman tenant à la main sa dague et prêt à la lancer.

Au bas de la tour, l'infant portait dans ses bras une frêle créature crispée déjà par l'effroi.

Voici maintenant la légende : Alonzo Perez était dans Tarifa pour le roi Alfonso ; l'infant révolté en faisait le siège.

Le fils ainé d'Alonzo Perez, qui était âgé de quatre ans, tomba au pouvoir des rebelles. Le tableau représentait l'instant où l'infant dit au grand marquis :

— Rends-toi, Perez de Guzman, ou ton sang va couler!

Le sang le plus cher de ses veines, le sang du premier-né de son amour!

La légende rapporte qu'avant de répondre, Perez jeta un regard vers sa femme, dona Maria Coronel, et que celle-ci lui dit :

— *Mas el rey que la sangre!*

Ce mot plus que romain servait depuis lors de devise aux Guzman.

Ce fut une mère qui le prononça. Il est peut-être au-dessus, mais à coup sûr en dehors de la nature humaine.

PLUTÔT LE ROI QUE LE SANG! Périsse notre fils plutôt que notre fidélité au maître!

Soit qu'on admire, soit qu'on éprouve, ceci est grand comme la sauvage splendeur des romanceros de l'Espagne.

Les siècles ont passé sur ces prodigieuses tragédies. Le temps ternit jusqu'à l'or lui-même. Ce qui était sublime peut faire horreur.

Mais tant que la langue espagnole sonnera, emphatique et vibrante, sur cette terre des batailles épiques, la devise du *bonc duc* retentira comme le cri du clairon.

Pour toute réponse, il jeta à l'infant la dague qu'il tenait à la main.

Cela voulait dire : tue!

Après quoi, raconte la légende, qui se vautre à plaisir dans la lie de cet étrange héroisme, après quoi Perez de Guzman s'en alla tranquillement dîner avec Maria Coronel, sa femme.

L'histoire romaine, au moins, ne parle pas du souper de Brutus.

Le neuvième panneau était en face du second ; l'heure de la mort faisait pendant à l'heure de la naissance. C'étaient des anges encore qui entouraient un lit funèbre où Alonzo el Bueno, livide, mais couronné d'une auréole, baisait dévotement la croix de son épée.

Enfin, vis-à-vis de la porte d'entrée, le dixième panneau, coupé comme le premier, contenait l'écusson de Guzman : d'or, à la tour enterrée de sable, supportant un chevalier armé du même, dans l'action de jeter un poignard, avec la devise : « *Mas el rey que la sangre...* »

Il était environ neuf heures du matin. La duchesse Eleonor était seule dans sa chambre à coucher. Le coussin de velours du prie-Dieu placé devant la niche ou chapelle gardait la récente empreinte de ses genoux dévots.

Les deux fenêtres donnaient sur le jardin, dont les vertes perspectives s'étendaient à perte de vue. Les brises matinières apportaient les senteurs des orangers et des jasmins d'or. Il se faisait autour de cette retraite un doux et respectueux silence.

La duchesse était assise devant une table où quelques feuilles de parchemin étaient éparses. Sa tête pensive s'inclinait sur sa main.

On dit que ces heures du matin sont peu favorables aux beautés qui regrettent déjà leur printemps. La duchesse Eleonor était assurément dans ce cas, puisque quinze années s'étaient écoulées depuis qu'elle avait quitté, toute jeune et toute charmante, la maison de Pilate pour aller chercher au fond de l'Estramadure le silence et la solitude de l'exil. Cependant la fière régularité de ses traits supportait sans peine la lumière du premier soleil. Elle était belle le matin comme aux lueurs moins sincères des bougies du soir. C'était un noble visage, pâli par la souffrance, il est vrai, mais conservant cette fleur d'attraction, ce charme, cette suavité à la fois haute et tendre qui jadis lui avait soumis tous les cœurs.

Philippe d'Espagne aurait reconnu en elle l'enchanteresse qui avait exalté jusqu'à la passion sérieuse et douloureuse les puérils caprices de sa jeunesse. La duchesse songeait. Sa rêverie était si profonde qu'elle n'entendit point s'ouvrir la porte qui était sous le grand écusson de Guzman. Une brune et rude figure de vieille femme se montra derrière les battants entre-baillés.

— Sa Grâce m'a fait appeler, dit la voix masculine de Catalina Nunez ; me voici.

Eléonor tressaillit comme on fait au sortir d'un pesant sommeil.

— Ah !... murmura-t-elle, t'ai-je fait appeler, Catalina ? Quelle nuit !

— La joie donne la fièvre comme le chagrin, bonne dame... commença la Nunez.

— La joie, dis-tu ?... tais-toi... Mais tu as raison : tous les bonheurs à la fois tombent sur la maison de Medina-Celi : son chef est libre... l'exil a pris fin... et l'on parle d'un mariage pour notre fille unique...

— Verrais-je cela? s'écria la vieille femme dont les yeux brillèrent ; les enfants de ma Nina dormiront-ils aussi sur mes genoux?

Eleonor de Tolède passait sa main sur son front, comme si ses idées rebelles eussent échappé à sa volonté.

— Quelle nuit! répéta-t-elle tout à coup. Ton mari et tes enfants sont toujours dévoués, n'est-ce pas, Catalina Nunez ?

— Ah !...... bonne dame !..... fit la nourrice avec reproche.

— Je n'ai point voulu t'offenser, Catalina... Sont-ils braves ?

— Est-ce Votre Grâce qui demande cela ?

— S'ils sont braves, tant mieux !... cela fait quatre épées... Savien est un bon vieux serviteur.

— Avez-vous donc besoin de défenseurs, bonne dame? demanda la nourrice en se rapprochant.

— Et contre qui aurais-je besoin de défenseurs? répliqua la duchesse, dont le sourire s'imprégna d'amertume et d'égarement ; ne nous aime-t-on plus à Séville?... et le roi ne prend-il pas soin de nous protéger?

Catalina Nunez courba la tête. Elle n'avait point ce qu'il fallait pour analyser ce trouble, mais elle était femme : elle devinait vaguement qu'il y avait au fond une grande détresse ou une grande épouvante.

— Non, non, bonne femme, reprit brusquement Eleonor de Tolède, je n'ai pas besoin de défenseurs... Et que ferais-je de trois enfants et d'un vieil homme?... C'est la maladie, vois-tu... Il y a bien longtemps que je souffre... Si tu savais quelle nuit j'ai passée !

— A-t-on fait appeler le médecin de Votre Grâce ?

— Les médecins ne guérissent pas le mal que j'ai...

Elle s'interrompit tout à coup et dit en posant sa main sur l'épaule de la nourrice :

— Je sais maintenant pourquoi je t'ai fait appeler... Le chien... Zamore ?... Quand mon seigneur est entré hier soir dans le logis de ses pères, je n'ai pas entendu les joyeux aboiements de Zamore.

La nourrice eut cet air contrit que l'on prend pour excuser un camarade en faute.

— Le chien a beaucoup d'âge, dit-elle.

— Alors, s'écria Eleonor de Tolède, t'es-tu bien aperçue de cela, le chien n'a pas reconnu le duc Hernan ?

— Le chien s'est mis entre mes jambes à moi qui vous parle, ma bonne dame et maitresse... Je l'ai poussé, il a hurlé ; je l'ai pris par le collier pour le mettre à la piste, il a failli me renverser... lui qui vous avait flairé de si loin !

Le nuage qui chargeait le front de la duchesse s'épaissit.

— Mais, poursuivit Catalina Nunez, il était si vieux... et il y avait quinze ans qu'il n'avait vu son maître... On a été bien sévère pour le pauvre Zamore.

— Bien sévère ?... répéta la duchesse sans comprendre ; l'aurait-on maltraité par hasard ?

Le visage de la nourrice s'éclaira.

— J'étais bien sûre, s'écria-t-elle, que cela n'était point fait par les ordres de ma bonne maîtresse.

— Mais quoi donc, Catalina? demanda Eleonor de Tolède, de quoi parles-tu?

— Je parle de l'empoisonnement du pauvre Zamore.

La duchesse devint si pâle que Catalina s'élança pour la soutenir.

— Ah! fit-elle d'une voix sourde, ils ont empoisonné le chien?... Qui donc a fait cela, nourrice?

— Je ne sais, bonne dame... Cette nuit, j'ai entendu des pas dans la cour. Ce matin, j'ai trouvé Zamore à la porte de notre loge... il avait l'œil mourant et il tremblait... J'ai couru chez mon cousin Antonio Nunez qui est barbier et sait manier la lancette... Antonio a dit : — « Le chien meurt empoisonné. »

Les yeux de la duchesse prirent cette expression morne et fixe des gens qui n'écoutent plus.

Comme la nourrice continuait de parler, elle l'interrompit d'un geste plein de fatigue.

Puis, tournant la tête à demi, elle dit tout bas :

— Catalina Nunez, tu n'avais pas vu ton maître depuis quinze ans?

— Oh! si fait, bonne dame... Nous allions tous les ans, le jour de Pâques, à la chapelle de Alcala... En quinze ans, j'ai vu quinze fois mon seigneur.

Il y eut encore un silence.

La duchesse reprit avec une sorte de timidité :

— As-tu bien regardé le duc Hernan, hier au au soir, Catalina ?

— De tous mes yeux, bonne dame... J'ai pu m'approcher de lui et lui baiser la main.

— T'a-t-il appelée par ton nom, Catalina Nunez ?

La nourrice répondit avec tristesse, mais sans aucune nuance de rancune :

— Une pauvre femme comme moi ne peut en vouloir à son seigneur qui l'a oubliée.

— Ah ! fit Eleonor de Tolède, tu crois que le duc Hernan t'a oubliée, toi, une Nunez par ton père et Nunez encore par ton mari ? Sais-tu que vous servez les Guzman depuis trois siècles, nourrice ?

— C'est notre noblesse, bonne dame, répondit Catalina qui se redressa avec orgueil.

— Mais, ajouta-t-elle après une pause et en baissant la voix, la mémoire des maîtres n'est pas aussi longue que celle des serviteurs.

— T'ai-je donc oubliée, moi, Catalina ? demanda Eleonor avec reproche.

— Vous, bonne dame, repartit la Nunez, vous avez le cœur des anges.

La duchesse lui tendit la main, et la serrant d'un mouvement nerveux :

— Hier, prononça-t-elle d'un accent saccadé, quand il est entré... quand tu l'as vu, tu l'as bien reconnu, n'est-ce pas ?

— Comme je vous reconnais, madame.

— C'est bien, Catalina... Il a parlé pendant que tu étais là ?

— Sans doute.

— Et tu as reconnu aussi sa voix ?

— Comme je reconnais la voix de Votre Grâce.

— C'est bien, Catalina, fit pour la seconde fois la duchesse, qui se laissa choir sur un fauteuil, en proie à un véritable accablement ; va-t'en, nourrice, va-t'en !

Elle cacha son visage entre ses mains tremblantes.

Catalina crut l'entendre sangloter.

— Bonne dame ! bonne dame ! s'écria-t-elle, inquiète et désolée, y a-t-il encore un nouveau malheur sur la maison ?

— Va-t'en ! répéta impérieusement Éléonor de Tolède.

Puis, comme la nourrice obéissait en courbant la tête, elle la rappela soudain.

— Est-ce toi qui gardais la porte ce matin ? demanda-t-elle.

— Oui, Votre Grâce.

— Peux-tu répondre que le duc ne soit point sorti depuis son retour ?

— J'en puis répondre.

— Quelqu'un est-il venu le visiter ce matin ?

— Plusieurs personnes.

— Qui sont-elles ?

— D'abord le président de l'audience d'Andalousie.

— Don Baltazar de Zuniga... le beau-père du comte-duc... Après ?

— Le commandant des gardes du roi...

— Don Pascal de Haro... celui qui m'a proposé ce mariage pour ma fille... Après ?

— Cet homme... ce malheureux que vous épargnâtes autrefois...

— L'Intendant Pedro Gil?

— Lui-même, senora, présentement oidor de l'audience.

— Après?

— Il n'est venu personne autre.

— Laisse-moi, Catalina, et dis qu'on m'envoie ma fille.

La nourrice sortit après avoir baisé la main de sa maîtresse.

Eléonor de Tolède, restée seule, se leva soudain, comme si la fièvre lui eût communiqué une force passagère, et se prit à parcourir sa chambre à grands pas.

— Je ne suis pas folle! pensait-elle tout haut. Ma raison peut être ébranlée, étonnée surtout par ces mystères qui me pressent et m'entourent... mais je vois clair au-dedans de moi-même... J'en suis sûre... j'ai la conscience de ce fait que mon esprit est sain, mon intelligence lucide.

Elle s'interrompit. Une vague terreur se refléta dans son regard.

— Tous les fous sont ainsi, murmura-t-elle... ils se croient sages!

Elle marcha droit au portrait appendu entre les deux fenêtres.

Elle le contempla longuement, ardemment, pourrions-nous dire, et comme si son âme tout entière avait passé dans ses yeux.

— Hernan, dit-elle d'une voix brisée par l'émotion, mon amant, mon époux... mon maître !... tu as été mon premier amour, tu seras ma dernière

7.

pensée... Hernan, pourquoi mon cœur bat-il plus vite devant ton image muette et morte que devant toi vivant?... Pourquoi mon âme s'élance-t-elle vers cette toile insensible?... Que signifie cette vision d'hier au soir, ce mendiant plus fier qu'un roi, ce fantôme? Par quel mystère ne t'ai-je pas retrouvé en toi-même, Hernan, mon seul bien, ma vie!...

— Quinze années! murmura-t-elle, essayant une objection contre le doute qui la poignait ; quinze années d'absence!... tout un siècle de captivité!... Les longues tortures pèsent lourdement sur le front du martyr... Est-ce à moi de te reprocher les changements qui sont l'injure du temps et le fruit du supplice?

— Oh! non! non! s'interrompit-elle en joignant les mains ; j'essaye en vain de me tromper moi-même... ma tendresse ne s'est point lassée. Je t'aimerais, Hernan, mon époux, avec des rides au front, avec des cheveux blancs, avec des mains tremblantes et amaigries... C'était toi que j'aimais et non point ta jeunesse... Où es-tu? Est-ce toi, Hernan? Est-ce toi que j'ai revu sans défaillir d'allégresse?

Un pas léger se fit entendre sous les croisées.

Sans se rendre compte assurément de son action, Eleonor de Tolède se rapprocha de la fenêtre et mit son œil à la jalousie. La fenêtre donnait sur les jardins. Une jeune femme, la tête enveloppée dans une mantille de dentelle noire, traversait lestement le parterre et se dirigeait vers le bois.

Du premier coup d'œil, Eleonor reconnut Encarnacion, la femme de chambre d'Isabel. Encarnacion était la fille d'un hobereau d'Estramadure qui s'était mésallié sur ses vieux jours. Les bienfaits d'Éléonor avaient soutenu les dernières années de sa mère; elle-même avait été élevée au château de Penamacor.

Nous n'en avons pas bien long à dire sur cette jolie fille, qui était au moral le produit légitime de cette combinaison : un hidalgo rustique et une duègne ayant servi pour des gages pendant les cinq sixièmes de sa vie. Encarnacion avait la vanité du sang paternel et l'avarice de lait de sa mère.

Le tout recouvert d'une couche suffisante de décence et de réserve. C'était une très passable camériste.

La duchesse ne put s'empêcher de remarquer qu'en traversant les parterres, Encarnacion semblait craindre d'être aperçue. Plusieurs fois le regard de la camériste se dirigea vers les fenêtres de la maison. Elle s'arrêta à différentes reprises, faisant mine d'admirer les sculptures des fontaines, puis de cueillir çà et là quelques fleurs.

La duchesse aurait peut-être fini par prêter une attention sérieuse à ce manège, car rien de ce qui touchait de près ou de loin à sa fille chérie ne la laissait indifférente, mais le jardin fut tout à coup envahi par une véritable armée de jardiniers et de valets qui venaient, le vieux Nunez en tête, faire rafle des fleurs du parterre pour panacher un mai destiné à fêter le retour du bon duc.

Pendant que la duchesse tournait ses yeux de leur côté, écoutant avec son sourire amer et triste les joyeux propos de ces serviteurs fidèles, Encarnacion disparut derrière les massifs ombreux qui formaient la pelouse.

Presque aussitôt après, la porte par où Catalina était sortie se rouvrit doucement, la chambre sembla s'éclairer en même temps que le visage de la bonne duchesse : Isabel, vêtue de blanc et belle comme les sourires de la jeunesse était sur le seuil.

— Bonjour, mère chérie, dit-elle de sa douce voix qui pénétrait le cœur comme un chant.

Vous eussiez cherché en vain sur les traits d'Eleonor de Tolède une trace de cette soucieuse agitation qui les bouleversait naguère. Celle qui entrait avait été l'ange béni, chargé par la divine miséricorde de consoler son veuvage et son exil.

Elle mit un baiser sur ce front charmant, qui gardait toutes les candeurs de l'enfance. Ses doigts caressants se jouèrent dans l'abondance de cette soyeuse et brillante chevelure.

— Nous sommes pâles, ce matin, Bel, dit-elle.

— On dort mal après tant d'émotions, ma mère, répondit la jeune fille avec une nuance d'embarras.

Puis, levant son doigt mignon en signe de menace, elle ajouta :

— Mais se peut-il que vous ayez encore pleuré !... ce doit être de joie ?

La duchesse l'attira près d'elle sur le sofa. Pendant quelques secondes elle la tint serrée contre sa poitrine, puis parlant tout bas et à l'oreille, elle murmura :

— Non, chérie, ce n'est pas de joie.

Le regard d'Isabel devint interrogateur.

— Est-ce donc un pressentiment qui me défendait de me réjouir? dit-elle.

Et, comme Eleonor de Tolède tardait à répondre, elle ajouta :

— Je me reprochais cela, ma mère, je me disais : Dieu doit punir l'ingratitude de l'enfant qui ne partage pas l'allégresse de son père et de sa mère... Je faisais en moi-même le compte de nos récents bonheurs, et je restais triste, et il me semblait voir, à mon chevet, dans mon insomnie, votre front bien-aimé qui était aussi chargé de tristesse. Je vous le demande encore : Est-ce donc un pressentiment?

— As-tu bien prié ce matin, Isabel? fit la bonne duchesse, que sa rêverie semblait reprendre; Dieu et la Vierge sainte écoutent les anges qui leur parlent.

— A toutes les heures du jour je prie pour vous, ma mère.

— Tu fais bien... tu fais bien... Qui sait si cette longue nuit n'aura pas enfin son aurore? Dieu est bon. Sois toujours pieuse, mon Isabel. Prie pour ta mère... prie pour ton père...

— Je croyais le trouver ici, près de vous, interrompit la jeune fille.

Eleonor garda le silence.

— Je vous en prie, ma mère, reprit Isabel, dites-moi quelle souffrance vous est venue... me voici d'âge à prendre ma part de vos chagrins.

Ses grands yeux, d'un bleu obscur et profond, étaient fixés sur ceux de la duchesse, qui la contemplait avec la dévote admiration des mères.

— Que je te voie sourire, dit la bonne duchesse.

— Je sourirais si vous étiez moins pâle.

— Te souviens-tu, Bel, dit Eleonor en changeant soudain d'accent, que je te répétais sans cesse : « Tu lui ressembles, tu as son image vivante et parlante... tu as son beau front si noble et si grand... tu as sa bouche qui savait si doucement sourire... tu as son regard si franc, si brave et si tendre... »

— J'ai bien regardé mon père hier au soir, fit Isabel.

— Vois! interrompit la duchesse, dont la main étendue désignait le portrait, situé entre les deux fenêtres.

Les yeux de la jeune fille se fixèrent sur le portrait. Un éclair d'admiration y brilla.

— C'est là mon père! balbutia-t-elle, mon noble père!

— C'était là ton père, ma fille.

Les yeux d'Isabel se baissèrent.

— Mon père, tel que je l'ai vu hier au soir, dit-elle, à la grave beauté de son âge.

— Retrouves-tu ses traits dans ce dessin, Isabel?

En faisant cette question, Eleonor de Guzman avait la voix tremblante.

— Oui, dit la jeune fille, après avoir hésité.

— Et n'as-tu jamais retrouvé ses traits sur un autre visage?

— Que voulez-vous dire, ma mère?

La demande et la réponse furent cette fois balbutiées si bas qu'on ne les aurait pas entendues à l'extrémité de la chambre.

Eleonor de Tolède resta un moment immobile

et muette, la tête inclinée sur sa poitrine. Mais il n'était pas dans sa nature de foudre ou de fuir. Elle se redressa bien vite, et, attirant jusqu'à ses lèvres le front pâli d'Isabel, elle dit d'un ton délibéré qui cachait mal son émotion concentrée :

— Ma fille, nous sommes entourées d'étranges avertissements. Les grandes races qui meurent éprouvent, dit-on, ces troubles mystérieux et ces terribles défaillances. Est-ce nous qui allons mourir, nous, les Guzman Perez! nous, les fils du héros de l'Andalousie! Est-ce l'Espagne elle-même qui agonise? L'époux de mon amour et de mon choix a brisé sa chaîne, et je pleure au retour de sa terre d'exil... je pleure et je tremble après la tempête, devant un ciel miraculeusement éclairci. Tu es trop jeune et tu ne sais pas... Cette vision qui m'a bouleversée...

— Vous parlez du mendiant de Saint-Ildefonso, n'est-ce pas, ma mère? s'écria Isabel vivement.

— Tu l'as remarqué, fillette? repartit la duchesse avec une sorte de négligence affectée.

— J'ai vu, répliqua Isabel, l'impression extraordinaire qu'il produisait sur vous.

— Et c'est tout?

— On a frayeur de ce qui dépasse l'intelligence... Je n'ai pas compris comment l'aspect d'un mendiant pouvait émouvoir la duchesse de Medina-Celi... J'ai eu peur.

Elle sentit la main de sa mère frissonner dans la sienne.

— Moi aussi, murmura la duchesse, j'ai eu peur!

— Ma fille, reprit-elle après un silence, tu réunis

en toi seule tout ce qui me reste d'espoir, et tous les prétextes que j'ai, en dehors de ma foi chrétienne, pour supporter une existence désormais bien triste. J'avais commencé, il y a quelques mois, à t'instruire des événements qui composent notre histoire de famille, ceci en prévision de ma fin prochaine, car je croyais que Dieu prenait pitié de mes longues fatigues... Dieu n'a pas voulu m'appeler à lui : je vis, et cependant il faut que tu saches qui nous sommes, nous, les derniers Medina-Celi ; quels ont été nos triomphes et nos revers, quels furent nos amis, puissants et nombreux autrefois, maintenant morts ou abattus par les tempêtes politiques... Assieds-toi près de moi, Bel... Là-bas, au château de Penamacor, grande et triste solitude que nous regretterons peut-être, je t'ai raconté les divers incidents qui précédèrent et suivirent mon mariage avec le duc Hernan ; je t'ai dit l'amour du roi, perfidement attisé par l'homme qui voulait se faire de cette fantaisie une arme et un marchepied ; je t'ai dit notre fuite de Madrid, nos traverses, notre humble bonheur sous ce toit de famille que je revois aujourd'hui après quinze années ; je t'ai dit enfin la catastrophe qui éclata comme un ouragan de malheur au milieu de notre humble repos : ton père prisonnier, nous exilées.

Avant d'achever le récit qui nous concerne particulièrement, ce qui se peut faire, hélas ! en quelques paroles, je veux te parler de nos amis et parents dont le sort est lié au nôtre par notre amour et par la haine de nos acharnés persécuteurs.

Il le faut. J'ignore ce que sera demain. Cette fortune menteuse m'effraye plus que mes revers eux-mêmes. Nous connaissions au moins notre malheur, et là-bas le sol de l'exil ne tremblait pas sous nos pieds.

Oui, je l'ai dit : j'ai peur. Je sens un abîme derrière le voile épais qui nous cache l'avenir. Tout autour de nous, j'entrevois des pièges. Ceux qui nous détestaient hier n'ont pu pardonner ainsi sans motif. L'obscurité où l'on nous oubliait était propice. La lumière s'est faite autour de nous et malgré nous. J'ai peur.

Ma fille, si j'étais morte demain ou prisonnière... tu frémis, pauvre enfant!... si demain, pour ne point caver au pire, nous étions seulement séparées, souviens-toi des noms que je vais prononcer : ce sont ceux de tes amis et de tes protecteurs.

Louis de Haro d'abord, qui peut remplacer ton père si Dieu lui a laissé la vie ; Louis de Haro, comte de Buniol, qui portait dans son cœur et sur son noble visage la promesse vaillante de son écusson ; Louis de Haro, qui, tout jeune et tout ardent, s'écriait autrefois, traduisant les paroles latines de sa devise : « Je serai un héros ! »

En second lieu, Hernan de Moncade et Avalos, premier marquis de Pescaire, un chevalier des anciens jours, et Vincent de Moncade, son fils, deuxième marquis de Pescaire.

Ceux-là sont des Espagnols et ils ont à exercer une terrible vengeance.

Nous étions trois sœurs autrefois, mon Isabel chérie : moi l'ainée ; la seconde, Isabel d'Aguilar, qui prit don Louis pour époux et resserra ainsi nos liens, puisque don Louis était le frère d'armes du duc Hernan, mon bien-aimé ; enfin, Blanche de Moncade, chère enfant qui souriait entre nous deux et nous donnait par anticipation la caressante joie des jeunes mères.

Nous disions bien souvent : « Nos enfants seront une famille. » Si ma chère Isabel avait laissé un fils...

Mais notre petite Blanche avait un frère cadet, le noble don Vincent. J'ai fait parfois le rêve de voir vos mains unies...

Eléonor de Tolède s'interrompit après ces dernières paroles. Ses yeux, qui, naguère se baignaient dans le vide, allèrent vers le visage de sa fille. Celle-ci écoutait attentive.

La duchesse, qui peut-être craignait de la trouver distraite, s'étonna des battements précipités de son sein.

Isabel était visiblement émue. Ses paupières abaissaient leurs longs cils recourbés.

— Tu n'es qu'un enfant, ma chérie, reprit la duchesse dont l'accent comportait maintenant une vague intention d'interroger : ton cœur est tout entier à ta mère... l'obstacle ne pouvait venir de toi.

Elle s'arrêta encore. Isabel garda le silence.

Un incarnat fugitif venait de monter à ses joues.

— N'est-il pas vrai ? insista la bonne duchesse.

Isabel hésita un instant, comme si elle eût cherché la forme de sa réponse.

Puis, sans relever les yeux, mais d'un ton plus

ferme que ne l'eût pronostiqué la douce timidité de sa nature :

— Ma mère, dit-elle, pourquoi me demandez-vous cela? La duchesse ne put réprimer un mouvement de surprise.

Il est, entre femmes, un genre de conversation bien difficile à rendre par le travail de la plume. Là, les paroles perdent leur valeur usuelle, l'accent sa notation, le silence son sens, le regard son diapason. Tout cela change et revêt une puissance qui n'est pas même de convention, qui est d'instinct; chaque mot devient un chiffre. La gamme des intonations est pervertie audacieusement; les jeux de physionomie sont transposés, pour employer une expression musicale. Il faut une clef pour comprendre ce qui se dit et aussi ce qui ne se dit pas.

Pour peu que deux femmes soient réunies et qu'il y ait un atôme de passion dans leur fait, c'est cette langue qui se parle.

Personne ne peut nier cela : j'entends personne qui ait écouté deux femmes.

Or, ceux-là qui savent écouter les femmes sont plus rares qu'on ne croit.

Puisque le théâtre prétend être le grand art littéraire, puisqu'il se vante de tout rendre, de tout peindre, de tout traduire, pourquoi cette langue si pittoresque et si usuelle ne se parle-t-elle jamais au théâtre.

Pourquoi le théâtre, grossier comme la monnaie de sa recette, ne sous-entend-il jamais rien? Pourquoi dit-il *tout ce qui se devrait dire*, posant les virgules qu'on omet et se faisant une loi de marquer les points que jamais on ne met sur les i?

Est-ce pour perfectionner la nature?

N'est-ce pas plutôt que les fleurs en papier qu'on prodigue sous les chapeaux manquent fatalement de certaines qualités ; la souplesse, le parfum, le mouillé, le *fleuri*, si l'on peut ainsi dire, dont le bon Dieu s'est réservé le secret?

Le théâtre qui parlerait la langue commune et mystérieuse de la passion ne serait pas entendu, et le fleuriste qui trouverait le secret de la nature ferait faillite.

Le théâtre a raison d'être fier ; les fabricants de soldats de plomb aussi. Ce sont, ayez la bonté de le croire, de purs et simples créateurs.

Les yeux baissés d'Isabel avaient, pendant qu'elle attendait la réplique de sa mère, un petit air farouche ; car les yeux ont encore de l'expression au travers des paupières abaissées.

Elle attendit longtemps. Une parole sincère vint jusqu'aux lèvres de la duchesse, qui ne la prononça point.

Sa physionomie disait qu'une tristesse nouvelle était entrée dans son âme.

Puis tout à coup une sérénité inexplicable éclaira la fière beauté de son front : elle eut presque un sourire, tandis que son regard caressait l'embarras de sa fille.

— Ce n'était qu'un rêve, Bel, reprit-elle d'une voix plus tendre et à la fois plus contenue ; ne nous occupons pas d'un rêve... nous avons assez à faire de donner notre intérêt à de tristes et cruelles réalités. Rends-moi toute ton attention, ma fille. En te parlant d'Isabel et de Blanche, mes sœurs, je te raconte ta propre histoire.

C'était à la fin du dernier règne. La cour d'Espagne pouvait passer pour la première cour du monde. On disait déjà que nous étions en décadence, mais l'Europe nous craignait et nous respectait. La faveur de Philippe III était aux Sandoval. Tous ceux dont je t'ai parlé appartenaient aux Sandoval par le sang ou par l'amitié. Hernan de Moncade et Alphonse IV de Guzman, ton aïeul, duc de Medina-Celi, formaient le conseil intime de François de Roxas de Sandoval, duc de Lerme, qui gouverna les Espagnes pendant plus de vingt ans. Moncade, Hernan de Guzman, ton père et Louis de Haro étaient les meilleurs amis, les compagnons inséparables de l'infant, dont la jeunesse généreuse promettait au pays un règne brillant et glorieux.

J'avais quinze ans ; j'étais orpheline ; on me disait belle. Le crédit de don Tello de Tolède, mon oncle paternel, m'avait ouvert les portes de la maison de la reine. Ce fut chez sa mère que l'infant don Philipe me vit et qu'il m'aima.

Celui que nous nommons à présent le comte-duc était alors un maigre aventurier, cadet de la branche cadette de Guzman. Il postulait en cour un humble bénéfice et se destinait à la prêtrise. Il se tenait bien ; sa vie était régulière jusqu'à l'austérité ; il se targuait tout haut de ses études et de sa science.

De là au rôle dont il s'affubla il y a loin, mais pour le peu que j'ai vu la cour, je puis affirmer que l'intrigue et l'austérité y peuvent vivre en parfaite intelligence.

Je fus, sans le vouloir et sans le savoir, le premier degré de cette échelle mystérieuse qui devait conduire le comte-duc au pinacle. Il était, comme tous les affamés, en quête d'une piste : il découvrit la passion naissante que j'avais éveillée dans le cœur de l'héritier du trône. Il n'avait rien à perdre, ce qui, dans la lutte, est souvent un gage de victoire. Il s'introduisit près du prince, et feignit effrontément d'être mon ami d'enfance.

La faveur du duc de Lerme faiblissait. C'était son propre fils, le duc d'Uzède, qui allait le supplantant dans les bonnes grâces de Philippe III. Cette révolution de camarilla troublait l'eau juste assez pour que le comte-duc pût y tendre commodément ses filets. A la mort du fou roi, la famille de Sandoval, minée par les dissensions intestines, tomba pour ne plus se relever. Pendant que le duc d'Uzède prenait le chemin de l'exil, le duc de Lerme, brisé par la trahison de son fils et ruiné par l'ingratitude du nouveau favori, mourait de chagrin dans ses terres.

On dit que l'amour avait été le mobile du duc d'Uzède et qu'il n'avait passé le Rubicon que pour entourer son front de l'auréole du souverain pouvoir. Il espérait réduire ainsi celle que ses tendres plaintes n'avaient pu fléchir. Celle qu'il aimait était la belle entre les belles : Isabel d'Aguilar, comme moi dame de la reine. Il avait plus d'un rival ; deux d'entre eux étaient redoutables : Louis de Haro, parce qu'il possédait le cœur d'Isabel ;

Gaspar de Guzman, parce que son étoile montait rapidement au firmament de la faveur.

Remarque bien ceci, Bel, le soleil couchant et le soleil levant, malgré la guerre acharnée qu'ils se faisaient entre eux, étaient ligués contre Louis de Haro, qui n'avait d'autre défense que sa belle âme et sa loyale épée. Le duc d'Uzède, pour l'éloigner de Madrid, lui donna un commandement en Flandre. Il y fit des prodiges de vaillance, et pendant qu'il versait son sang pour l'Espagne, Isabel se défendait héroïquement à la cour.

Nos destinées communes nous rapprochaient, elle et moi. Je combattais comme elle. La fraternelle amitié qui liait nos deux fiancés nous unissait aussi. Bien des fois, la main dans la main, nous avions juré sur nos reliquaires de mourir plutôt que de tomber.

Quand le comte-duc succéda au second Sandoval, Isabel n'eut pas le temps de respirer ; le comte-duc demanda sa main à la reine mère, tutrice et souveraine maîtresse de celles d'entre nous qui étaient orphelines. La reine mère méprisait le favori qu'elle n'appelait que le *bachelier de Salamanque*. Elle refusa. Le comte-duc s'adressa au roi.

Nous avions une alliée dont je t'ai dit le nom, et qui plus tard devait subir un sort plus cruel encore que le nôtre. Blanche de Moncade, plus jeune que nous de plusieurs années et jouissant encore des privilèges du premier âge, écoutait pour nous aux portes du palais : elle nous servait d'éclaireur.

Nous apprîmes par elle que le comte-duc méditait un double enlèvement : il lui fallait Isabel pour son propre compte, moi pour le compte du roi. Un exprès partit pour l'armée : deux semaines après, ton père et Louis de Haro étaient à Madrid.

Ce qui me regarde, tu le sais, ma fille chérie. Nous essayâmes, Hernan et moi, de tenir tête à l'orage, et je n'abandonnai que deux ans après le service de la reine-mère. Don Louis et Isabel en agirent autrement ; il fallait fuir ; le comte-duc était déjà bien puissant. Je n'ai pas besoin de te dire que nous fûmes les complices des chers fugitifs. Une seule circonstance est à noter, car tu ne l'aurais pas devinée.

Pendant que deux chevaux rapides emportaient ma sœur bien-aimée et don Louis vers la Vieille Castille, où ils comptaient trouver un refuge, notre autre petite sœur, notre Blanche, si adroite et si dévouée, restait enfermée dans la chambre d'Isabel, où elle chantait en s'accompagnant sur sa guitare.

Les espions du comte-duc, qui rôdaient sans cesse autour du quartier des filles d'honneur, furent trompés par ce naïf stratagème. On ne s'aperçut du départ d'Isabel qu'au moment où Blanche s'esquivait pour regagner la maison de son père.

L'histoire fit du bruit. Le roi voulut voir Blanche. Les rieurs ne furent pas du côté du favori.

Malheur à qui blesse le tigre ! Il faut le tuer. Sa griffe cruelle retrouve toujours le chasseur maladroit ou trop faible qui n'a pas su l'abattre au premier coup.

Mais avant d'arriver à l'odieuse vengeance du comte duc, je veux achever ce qui regarde don Louis et Isabel. Don Louis erra longtemps de province en province. Les persécutions dont il était l'objet finirent par lasser sa patience. Il leva l'étendard de la révolte, non point contre le roi, mais contre le tyran subalterne qui opprimes l'Espagne avant de la perdre. Il fut le chef avoué des *desservidores* qui soulevèrent pour la première fois la Catalogne.

A dater de ce moment, sa vie fut couverte d'un voile.

Les récits les plus bizarres les plus contradictoires coururent. Vingt fois on le dit mort, vingt fois on le ressuscita. Enfin, Hernan, ton père reçut de lui un message où don Louis le sommait de tirer l'épée pour sa cause. Le bon duc était déjà exilé à Séville en ce temps, depuis un an je portais son nom ; tu venais de naitre.

Le bon duc passa la nuit en prières dans l'oratoire du grand marquis de Tarifa. Je le trouvai, à l'aube, endormi sur les marches de l'autel et tenant dans sa main l'écusson de Medina, dont la devise ordonne de tout sacrifier au roi, tout, jusqu'aux saintes amours de la famille !

Le bon duc refusa. Don Louis l'appela faux frère et lui envoya un cartel dans une lettre souillée de boue.

Le bon duc baisa la lettre en présence du messager et dit :

— Mon cœur est à Louis, mon sang est au roi.

— Alors, dit le messager, qui était le Portugais

Ruy Cabral de Barros, donne ta femme au roi, puisque c'est sa fantaisie.

Ruy Cabral de Barros ayant prononcé cette parole insultante, recula d'un pas et tira son épée pour se défendre, car il sentait bien qu'il avait mérité d'être châtié. Le bon duc le fit héberger dans la maison de Pilate et lui donna l'accolade au départ.

Tu n'ignores point, pauvre enfant, quel long deuil, partagé par nous, fut la récompense du dévouement héroïque.

Louis de Haro, vaincu au combat d'Arbos, fut fait prisonnier quelque jours après aux environs de Tarragone. Ce fut comme un signal. La persécution contre les anciens amis de Sandoval redoubla de rigueur. Les portes d'une forteresse s'ouvrirent pour ton père, et nous prîmes le chemin de l'exil.

La duchesse s'arrêta pour reprendre haleine.

Isabel, toute pâle, releva ses yeux où brûlait un feu sombre.

Sa mère ne l'avait jamais vue ainsi.

— Mon père est un saint, dit elle d'une voix sourde et lente ; y a-t-il encore des hommes comme lui, ma mère ?

Comme Eléonor de Tolède hésitait, cherchant peut-être ce qu'il y avait sous cette bizarre question, Isabel reprit en se redressant de son haut :

— Si un roi m'aimait, je me poignarderais !

— Que dis-tu, Bel ?... s'écria la duchesse effrayée.

Une rougeur vive était montée aux joues de la jeune fille qui se prit à trembler.

— Qu'ai-je dit, en effet, balbutia-t-elle. Je songeais... non pas à moi, ma mère, je le jure, mais à ce que doit souffrir l'époux, celui qu'on a choisi.

Elle se tut. On eût dit que sa propre parole la terrifiait maintenant.

— Je suis folle! murmura-t-elle, tandis que deux larmes roulaient sur sa joue tout à coup pâlie.

La duchesse l'observait à la dérobée. Elle poursuivit bientôt comme si aucun incident n'eût interrompu sa narration :

— Elles sont épaisses les murailles de ces prisons où le comte-duc enterre les véritables amis de son roi. Don Louis fut enseveli vivant comme le bon duc, ton père. Nul ne saurait dire avec précision ce qui lui advint. Mille rumeurs ont couru, mais d'où venaient-elles? Combien de fois ce bruit fatal n'a-t-il pas épouvanté nos oreilles : « Le duc de Medina-Celi est mort dans son cachot. »

— Et votre sœur, ma mère, interrompit la jeune fille, cette noble et belle Isabel d'Aguilar?

— C'est en souvenir d'elle que tu as reçu ce nom d'Isabel, ma fille, répondit la duchesse; nous nous étions mutuellement promis de tenir nos enfants sur les fonts du baptême... Elle n'était plus déjà quand tu vins au monde, et je la fis ta marraine dans le ciel.

— Elle n'était plus!... répéta la jeune fille; pourquoi ne m'as tu pas appris plus tôt à l'aimer, ma mère ?

— Souviens-toi de ta prière d'enfant, répondit la duchesse en souriant avec tristesse, ne parlais tu pas à Dieu chaque jour de ta bonne amie qui était une sainte au paradis ?

— C'est vrai, murmura Isabel ; depuis que je dis ma prière, j'ai répété cela sans le comprendre.

— Elle mourut, reprit la duchesse, toute jeune et toute belle. Ceux qui l'aimaient ne savent même pas où est sa tombe. Son dernier message, arrivé quelques mois avant sa mort, nous apprenait qu'elle portait dans son sein un gage de l'amour de don Louis. L'enfant a sans doute subi le même sort que la mère...

Au travers de l'attention qu'Isabel portait au récit de sa mère, il y avait comme une vague et distraite rêverie. Ces choses du passé ne pouvaient pas l'éloigner complètement du présent. Ses beaux yeux fatigués accusaient une nuit sans sommeil. La cause de son insomnie était celle de sa distraction.

La veille, en traversant la place de Jérusalem pour se rendre à la grand'messe, Isabel avait vu Mendoze aux prises avec le comte de Palomas. Son cœur n'était pas entré avec elle dans l'antique mosquée où se célébraient les mystères chrétiens ; son cœur s'était élancé sous cette voûte où le jeune gentilhomme, seul et entouré d'ennemis, dressait si fièrement sa tête intrépide.

Elle n'avait adressé au ciel qu'une prière pendant toute la cérémonie : Sauvez-le, mon Dieu, sauvez-le !

Quand elle était ressortie de l'église, après l'office divin, la place était tranquille. Cette sombre maison du Sépulcre fermait ses jalousies muettes, et la solitude régnait sous le porche où naguère la foule bruyante se pressait.

Que s'était-il passé? Ces murailles ne disaient point leur secret. Isabel n'avait personne qu'elle pût interroger, personne même à qui confier sa peine.

Pendant l'office, une rumeur s'était faite, il est vrai, dans l'église de Saint-Ildefonso. Un mouvement avait eu lieu parmi les fidèles. Quelques mots étaient parvenus jusqu'à l'oreille d'Isabel : Fugitifs... l'étranger... le meurtrier de don Juan de Haro...

Mais ce fut seulement le soir de ce même jour que sa suivante Encarnacion lui dit avec un équivoque sourire :

— La tête de Mendoze est mise au prix de cent onces d'or.

Isabel eut froid jusque dans la moelle de ses os, et pourtant elle remercia la Vierge, car la justice met à prix seulement les têtes de ceux qui ont échappé à ses recherches.

Ramire était donc en liberté.

Elle fut ardente et passionnée la prière que fit Isabel avant de chercher le sommeil qui devait fuir ses paupières. Toute la nuit, une fiévreuse agitation la tint éveillée ; elle craignait, elle espérait : elle craignait que Ramire, imprudent, ne vînt au rendez-vous accoutumé, car c'eût été une mortelle douleur que de voir les archers l'entourer et le saisir sous cette fenêtre ; elle espérait, parce qu'il lui semblait que l'angoisse qui étreignait son cœur serait guérie par le seul bruit de ses pas.

8.

A chaque instant elle se levait pieds nus pour gagner la croisée. Son regard inquiet et désolé interrogeait le silence de la place.

Comme la veille, les fenêtres entr'ouvertes de la maison du Sépulcre laissaient sourdre une harmonie voilée, et, de temps en temps, le joyeux roulement des castagnettes réveillait tout à coup la nuit muette; comme la veille, la lanterne du sereno passait, lentement balancée au bout de sa hallebarde, et rayait les ténèbres, tandis que le cri monotone tombait de ses lèvres engourdies : Il fait beau...

Rien n'existait, pour Isabel, en dehors de sa préoccupation. Les événements de cette journée, si graves pourtant et qui la touchaient de si près, disparaissaient devant l'image de Ramiro.

Les heures passèrent : Ramiro ne vint pas. Que signifiait son absence? Était-il libre ou captif?

La présence de sa mère et ces douloureuses révélations qui étaient l'histoire de sa famille faisaient trêve à l'inquiétude d'Isabel, mais ne réussissaient pas à la guérir. La pensée de Mendoze revenait à la traverse de ce récit, et parfois elle tressaillait, parce que ses yeux fermés voyaient un fantôme pâle, couché dans l'ombre d'un cachot.

Il y avait une chose étrange ; la duchesse sa mère l'observait et semblait lire sur son visage comme en un livre ouvert. Devinait-elle son secret? avait-elle déjà le mot de l'énigme? Les physionomies, si expressives qu'elles soient, n'en disent point si long; mais il est certain qu'il y avait dans le regard d'Eléonor de Tolède plus de curiosité que de colère.

VIII

LA PORTE SECRÈTE

— Peut-être ai-je trop compté sur ta tendresse pour moi, ma fille, reprit la duchesse, en espérant que tu t'intéresserais à toutes ces personnes que tu n'as point connues...

— Je ne mérite pas ce reproche, ma mère, protesta Isabel.

— Ceux dont je parle t'auraient aimée... Ils eussent été les bons anges de ta jeunesse... C'était ta vraie famille, et ton avenir est lié fatalement à tout ce passé... Je serai brève désormais, car il se peut que nos minutes soient comptées. Louis de Haro, prisonnier, resta le chef de la conspiration. Sa fière devise devint le mot d'ordre des conjurés, qui s'emparèrent aussi du nom du bon duc pour s'en faire un drapeau. L'Espagne vint à s'amoindrir peu à peu. Le Français et l'Anglais rétrécirent la ligne de nos frontières. Il y eut un roi de Portugal ; et la Catalogne, sans cesse révoltée, ne tint plus que par un fil au réseau des provinces espagnoles.

Pendant cela, le comte-duc, après avoir réduit au dénûment le plus honteux les derniers jours du duc de Lerme, grossissait la fortune de sa maison et dressait des monuments à la gloire imaginaire du maître qu'il perd.

Un jour (c'était l'année où le favori prit ce titre pompeux de comte-duc), un jour, tout au fond de mon exil, la nouvelle de la mort de don Louis vint mettre le comble à ma consternation.

— Quoi! s'écria la jeune fille... mort aussi, celui-là!... Dieu ne vous a donc pas laissé un ami?

— Dieu est bon comme il est grand, repartit la duchesse avec une involontaire emphase ; la Providence garde surtout les abandonnés... Ce jour-là même dont je parle, un honnête vieux gentilhomme cultivateur, dont le manoir était voisin de notre château de Penamacor (si mes souvenirs me servent, il s'appelait Mendoze, tout comme un grand d'Espagne), vint demander à m'entretenir et me dit : « On a déposé cette nuit des fleurs sur la tombe de l'étrangère. Parmi les fleurs il y avait un lambeau de parchemin que voici... »

Le parchemin contenait un nom : *Louis* et ces mots : *Grâces à Dieu!*

Je demandai au bon vieil hidalgo pourquoi il me l'apportait. Mon cœur battait bien fort, ma fille. J'avais cru reconnaître une écriture amie.

Voici ce que me répondit le paysan Mendoze :

— Après la méridienne, en retournant aux champs, les garçons ont fait rencontre d'une jeune fille mauresque belle comme le jour, si belle qu'ils n'ont pas eu le cœur de lui jeter des pierres. Elle leur a dit : « Le château de la bonne duchesse est-il bien loin d'ici? — Deux lieues de Léon », a répondu Fabrice, le fils aîné. La fillette a regardé l'ombre des chênes verts sur la route. Elle a murmuré : Il est trop tard et je suis trop lasse !

Puis, tout haut :

— Si vous êtes des chrétiens, a-t-elle ajouté, vous irez au cimetière de Quijo et vous lui porterez ce que vous trouverez sur la troisième tombe.

— De la part de qui ? interrogea Fabrice.

— Je me nomme Aïdda, repartit la fillette qui disparut au coude du sentier.

Il n'était plus besoin de réclamer l'attention d'Isabel. Ce vieux gentilhomme paysan était le père de Mendoze. Isabel savait cela.

— Ce nom d'Aïdda, poursuivit la duchesse, fixait tous mes doutes et m'en disait plus que le parchemin lui-même. C'était la fille d'un Maure tangérien nommé Mograh ben Amar, relaps deux fois et brûlé sur la grande place de Valladolid, dans l'acte de foi des quarante heures, en l'année 1622. Blanche de Moncade avait demandé au saint-office la pauvre petite orpheline; elle l'avait baptisée, lui donnant le nom de Marie-Blanche, elle l'avait élevée et choyée comme sa sœur, si bien qu'Aïdda, reconnaissante, aurait versé tout son sang pour elle.

Je savais qu'Aïdda n'était plus dans la maison de Moncade. Elle ne pouvait l'avoir quittée que par obéissance et pour accomplir un acte de dévouement. C'était donc, selon toute apparence, un message du prétendu mort. Mais pourquoi ce laconisme ? Et comment Aïdda n'était-elle pas venue jusqu'au château de Penamacor ? Et que signifiait en outre ce message ? Don Louis était-il sauvé ? Réclamait-il mon aide ?

Des années se sont écoulées depuis lors, ma fille, et n'ont point apporté la réponse à ces questions. Je n'ai jamais revu don Louis une fois, une seule fois, et cette jeune Aïdda a passé devant moi comme un rêve, sans que j'aie pu obtenir d'elle ce mot qui eût mis fin à toutes mes inquiétudes.

Il me fut donné seulement de savoir pourquoi elle s'était entourée d'un si grand mystère. Le lendemain, en effet, notre manoir fut envahi par les archers de l'hermandad, qui tinrent chez nous garnison pendant deux semaines, battant et fouillant tout le pays aux alentours.

Si Marie-Blanche ou Aïdda, comme tu voudras la nommer, s'était risquée jusqu'à Penamacor, elle eût été prise infailliblement.

Depuis longtemps j'avais des soupçons sur un homme qui était alors dans notre domesticité très intime, et dont tu as sans doute gardé souvenir : je veux parler de notre ancien intendant Pedro Gil. Pendant le séjour des cavaliers de l'hermandad au château, je crus remarquer de mystérieuses accointances entre leur chef et Pedro Gil. Tu étais bien petite en ce temps-là, Bel, ma chérie, mais tu n'as peut-être pas oublié les menaces que proféra ce misérable quand on lui donna son congé.

— Je n'ai pas oublié ce Pedro Gil, ma mère, dit la jeune fille; s'il est notre ennemi, prenez garde, car il est à Séville et il rôde autour de notre logis.

Une question vint aux lèvres de la duchesse, qui la refoula pour continuer ainsi :

— Pedro Gil occupait au château ce petit pavillon où tu fis plus tard ton salon de sieste et ton boudoir. Quelques jours après son départ, je me promenais dans les parterres, pendant que nos gens nettoyaient. Parmi la poussière qui s'échappait des croisées, un papier s'envola. Ce n'était qu'un lambeau sans adresse ni signature, mais le peu de paroles qu'il contenait me frappa vivement.

C'était Pedro Gil lui-même qui l'avait écrit, et ce devait être le brouillon d'une missive dont il avait sans doute expédié la copie.

Le mot à mot de ce que je lus alors est resté gravé dans ma mémoire. Je puis le reproduire exactement :

« ..... Pour les projets de Son Excellence.

« La jeune Mauresque est maintenant à Ceuta, j'en ai la certitude. L'homme qui l'accompagne ne peut être qu'un agent des conjurés. Nous ne pouvons rien contre eux sur la rive africaine, mais ils ne peuvent rien contre nous.

« Le seul moyen d'attirer la Moncade dans le piège, c'est de parler au nom de cette Aïdda, qu'elle aime si tendrement et avec qui elle doit correspondre. On peut écrire une de ces lettres qui ne disent rien et qui laissent deviner beaucoup. J'ai ici quatre mots de l'écriture de la donzelle; je me chargerais de minuter la lettre.

« L'autre viendrait au rendez-vous : j'en mettrais ma main au feu! »

C'était tout.

Je ne sais pas si je peux dire que je devinai dans toute la force du terme, mais l'idée d'une trame atroce et infâme me sauta aux yeux. Blanche de Moncade avait favorisé autrefois la fuite de notre pauvre Isabel. Il y avait en Espagne un homme qui devait lui garder une mortelle rancune.

Un homme qui a mérité la réputation de ne pardonner jamais, un homme à qui l'on doit, par le malheur des temps, ces titres d'Excellence et de Monseigneur qui étaient dans le brouillon de Pedro Gil.

La lettre ne pouvait pas avoir moins de quinze jours de date, puisque Pedro Gil avait quitté Penamacor à cette époque, mais elle ne pouvait guère être plus vieille de deux semaines, car l'hermandad était partie depuis un mois seulement. La lettre devait avoir été écrite entre le départ de l'hermandad et le congé donné à Pedro Gil.

Que s'était-il passé? Le piège avait il été tendu? J'eus froid jusqu'au fond du cœur, car l'idée me vint que le brusque éloignement de Pedro Gil pouvait avoir hâté la catastrophe. J'ordonnai à Savien de seller deux chevaux. Je partis avec lui, le soir même, sans suite et sans sauf-conduit. Nous mimes trois nuits et trois jours pour arriver jusqu'à Séville, car nous évitions les chemins battus, fuyant la rencontre de l'hermandad, comme si nous eussions été des malfaiteurs.

Le quatrième jour, au coucher du soleil, nous entrâmes dans la ville, et, quelques minutes après, je descendais de cheval à la porte de Moncade.

Bel, tu ne connais pas la mort. Tu n'as vu sur aucun visage aimé cette livide pâleur, cette immobilité redoutable qui annoncent que l'âme envolée a laissé ici-bas le corps inerte et plus froid que la pierre.

La mort est terrible, ma fille, bien que les

malheureux l'appellent souvent comme un refuge.

La mort est toujours terrible, soit qu'elle entre en nous par l'issue qu'à ouverte l'épée ou le poignard, soit qu'elle s'assoye près de nous sur le lit de douleur après une lente maladie, soit qu'elle tombe avec la foudre écrasant à l'improviste nos fronts orgueilleux.

Mais la mort par le chagrin, Bel, la mort par la honte et le déshonneur, la mort qui empoisonne l'âme elle-même avant de décomposer le sang, celle-là est hideuse et lamentable entre toutes, ma fille... Dieu nous en garde, nous et ceux que nous aimons !

La mort était dans la maison de Moncade. J'arrivais trop tard.

Les valets étaient rangés dans le vestibule, silencieux et mornes. Aucun d'eux ne m'arrêta, voilée que j'étais, pour me demander : « Que venez vous faire céans? »

Dans le grand escalier, des enfants de chœur jouaient en riant tout bas.

Les jeux de ces pauvres créatures endurcies aux choses funèbres sont lugubres par le contraste, autant et plus que le deuil lui-même.

Au haut de l'escalier, des femmes en pleurs attachaient aux lambris des tentures noires.

Je prononçai le nom de Blanche, car un pressentiment oppressait ma poitrine.

L'une des femmes me reconnut : la nourrice de Blanche; elle leva sur moi ses yeux creusés par les larmes, et me montra du doigt la porte ouverte.

En même temps l'odeur des cierges et de l'encens vint à moi comme une muette révélation.

Blanche était couchée sur son lit. Les prêtres veillaient, récitant leurs prières à voix basse. Vincent de Moncade, agenouillé, cachait son visage dans les draps.

Au chevet, il y avait un homme debout, une statue de marbre : don Hernan de Moncade, dont les cheveux avaient blanchi la nuit précédente.

On lui avait rapporté, à ce père, sa fille déshonorée et mourante.

Devines-tu, Bel (l'innocence n'empêche pas de comprendre), devines-tu que le piège avait été tendu, que ces quelques mots tracés sur le parchemin : *Louis... Grâces à Dieu...*, avaient servi au traître Pedro Gil pour contrefaire l'écriture d'Aïdda la Mauresque, et que la pauvre Blanche de Moncade, trompée par un message menteur, avait été attirée hors de la maison de son père ?

Tu es Espagnole ; tu sais le culte que nous rendons à l'honneur. Blanche nomma son ravisseur : c'était le comte-duc; que son nom soit à jamais maudit! c'était l'hypocrite à qui l'histoire arrachera son masque !

Lucrèce avait eu besoin d'un poignard pour mourir. Ce n'était qu'une Romaine. Quand Blanche de Moncade eut demandé vengeance, elle se coucha sur son lit, croisa ses bras sur sa poitrine et rendit son âme à Dieu. C'était une Espagnole !

Au moment où je pénétrais dans la chambre mortuaire, un silence profond y régnait; les prêtres venaient d'interrompre leurs litanies, et l'un d'eux commençait la cérémonie de la purification, si imposante autour de nos couches funèbres. Le vieux Moncade, qui n'avait pas encore prononcé une parole, leur ordonna de s'arrêter. Il fit un mouvement, redressant sa haute taille et s'appuyant de la main au pilier du lit. La statue s'animait ; une étincelle prit feu sous sa paupière lourde et demi-close.

Il appela son fils par son nom. Je ne l'avais vu qu'enfant. Les années de notre exil avaient fait de lui un fier jeune homme. J'eus pitié dans mon angoisse, tant le désespoir mettait de pâleur sur ce front vaillant et robuste.

— Que voulez-vous de moi, mon père ? demanda-t-il.

Le vieux marquis ne répondit pas tout de suite. Ses paupières battaient et ses lèvres tremblaient.

— Laissez-nous, dit-il aux prêtres.

Celui qui tenait le goupillon répliqua :

— Nous sommes ici pour accomplir notre devoir. La chambre du deuil est encore le sanctuaire.

— Laissez-nous ! répéta le vieillard d'un air impérieux et sombre.

Les prêtres se consultèrent et sortirent. J'allais les suivre, lorsque Hernan de Moncade m'arrêta, disant :

— Eleonor de Tolède, duchesse de Medina-Celi, vous êtes deux fois notre cousine par Guzman et par Tolède... Restez et soyez témoin !

Il fit signe à don Vincent d'approcher. Celui-ci obéit.

Le vieux marquis lui mit la main sur l'épaule. Son regard sembla plonger jusqu'au fond de son cœur.

— Celui qui a tué ta sœur, prononça-t-il après un long silence, celui-là a une fille.

La duchesse s'interrompit. Isabel n'avait pu retenir un mouvement de répulsion.

— La morte était là sur son lit, reprit la duchesse, toute jeune et si belle qu'on eût dit un pauvre ange endormi... La veille encore, cet homme de fer avait des cheveux noirs autour de ses tempes. Cette nuit l'avait vieilli de vingt ans... Je devinai comme toi, ma fille, et un frémissement gagna la moelle de mes os... Don Vincent lui-même détourna la tête.

— M'as-tu entendu, marquis? demanda le vieillard.

— Mon père, répondit don Vincent, Inez n'est qu'une pauvre enfant, innocente des actions du comte-duc.

Un peu de sang remonta aux joues du vieux Moncade.

— Dent pour dent, œil pour œil! prononça-t-il d'une voix creuse mais distincte, telle est la loi de nos pères... Nous sommes les Goths : pourquoi renier leur antique justice?... Le comte-duc m'a pris l'honneur et la vie de ma fille, je prendrai l'honneur et la vie de sa fille à lui... Je suis le père et le maître : j'ordonne; refuses-tu de m'obéir?

Bel, ne juge pas cet homme. Il disait vrai, nous sommes les Goths. Notre honneur est barbare, mais c'est l'honneur. Je regardai la morte. Elle me sembla sourire.

Ce sang des fils d'Alaric est amoureux de la vengeance.

Don Vincent de Moncade courba la tête.

Le vieillard lui dit : « Jure! »

Don Vincent de Moncade jura.

Les prêtres rappelés poursuivirent leur prière. Je te le dis, la morte souriait dans ses voiles blancs, moins pâles que son front et ses joues...

Dix heures du matin sonnèrent à l'église de Saint-Ildefonso, dont le carillon entonna un cantique. Isabel restait silencieuse et pensive.

— Enfant, lui dit la duchesse dont le visage était encourageant et doux, j'ai été jeune fille ; je sais où vont ces premiers rêves... Crois-moi, n'aie jamais de secrets pour ta mère.

Isabel rougit, mais elle répondit :

— Ma mère, je n'ai pas de secrets pour vous.

La duchesse souriait. Elle reprit :

— L'heure des batailles arrivera. Blanche de Moncade n'est pas encore vengée. Tu sais, maintenant, Bel, quels sont nos amis et nos ennemis. Puisque tu n'as point de secret, ma fille, si ton père vient aujourd'hui et te dit : « Voici l'âge où il te faut un ami, un protecteur, un époux... »

— Oh !... fit Isabel dont la poitrine s'oppressa, ma mère !...

Il eût été fort malaisé d'interpréter en ce moment l'expression du regard de la duchesse.

— Résisterais-tu, Bel ? demanda-t-elle.

Deux grosses larmes roulèrent sur les joues de la jeune fille.

La duchesse l'attira contre son cœur et l'y pressa passionnément.

La confession était sur les lèvres d'Isabel, mais la scène continua, bizarre comme elle s'était entamée. Il sembla qu'Eleonor, après avoir sollicité les aveux de sa fille, y voulût soudain couper court.

— Mignonne, demanda-t-elle d'un ton dégagé, as-tu bien écouté? as-tu bien compris? Si demain la foudre éclatait, serais-tu prête à choisir tes protecteurs?

Isabel tendit son front à sa mère et laissa errer sur ses lèvres un mélancolique sourire.

— J'ai compris, répondit-elle, que nous sommes des vaincus, par nous-mêmes et par nos alliés... Parmi ceux-ci, les seuls qui soient vivants et libres ont pris le fardeau d'un vœu cruel et insensé. Tous les autres sont prisonniers, fugitifs ou morts.

— Les victorieux, murmura la duchesse, sortent souvent de l'exil, des cachots... et même de la tombe!

— J'ai compris encore, poursuivit Isabel, que vous aviez un secret, ma mère... ou plusieurs secrets, ou des espoirs et des terreurs qu'il ne vous plaît pas de me faire partager... Si la foudre éclate, la Providence divine fera que nous soyons frappés tous ensemble...

— Est-ce l'héritière du bon duc qui met son espoir dans la fin de sa race! dit Eleonor de Tolède en redressant sa belle tête sévère.

— Je ne suis qu'une pauvre fille, madame...

— Guzman n'a pas de sexe! interrompit Eleonor de Tolède. Dans notre maison, les femmes ne meurent point sans combattre.

Le front d'Isabel s'inclina, et ces mots tombèrent de ses lèvres :

— Si la foudre tombait, pour employer vos propres expressions, ma mère, serais-je encore la fille de Medina-Celi?

— Bien cela, Bel! s'écria la duchesse; vous avez trop tardé à éclaircir vos doutes; mais mieux vaut tard que jamais. Je vous écoute, ma fille; regardez haut et parlez franc!

Le front et les joues d'Isabel étaient pourpres. Elle baisa les mains de sa mère avec un respect plein d'amour.

— Je romps le silence seulement parce que vous le voulez, madame, prononça-t-elle d'une voix basse et lente; Dieu me garde cependant de rien dire qui puisse offenser ou attrister ma mère bien-aimée... Du fond de l'âme, j'affirme que je préfère la tendresse de ma mère à tous les héritages et à toutes les grandeurs... Les grandeurs m'effrayent bien plus qu'elles ne m'attirent, et, s'il faut parler franc, selon votre ordre, ce que j'éprouve est plus près de l'espoir que de la crainte... C'est de tout mon cœur, c'est avec joie, entendez-vous, que je renoncerai à ce redoutable héritage.

— Isabel, interrompit la duchesse qui fixait sur elle ses yeux perçants, tu aimes... et tu aimes au-dessous de toi!

— Quand ma mère me dira : « Je veux savoir », répondit la jeune fille, les yeux baissés, mais le front relevé, je m'agenouillerai près d'elle et je lui montrerai toute mon âme.

— Elle est pure, je le sais, murmura Eleonor, et les voies de Dieu sont pleines de mystères..... Dis-moi tes espoirs, Bel; je n'ai pas besoin de toi pour sonder le fond de ton cœur.

— Votre époux est revenu, ma mère, repartit Isabel doucement, mais avec fermeté; j'ai cherché la joie dans vos yeux, l'allégresse sur votre front;

je n'y ai trouvé que la douloureuse inquiétude. A Séville, au milieu de votre triomphe, n'êtes-vous pas toujours l'exilée et la veuve?... Je me suis demandé pourquoi cela? Mes souvenirs ont répondu.

— Tes souvenirs, ma fille?

— Ma mère, il est des paroles qui ne sortent jamais de la mémoire... L'enfance les lègue à la jeunesse... Parfois, quand on les entendit d'abord, on n'en comprenait point le sens... mais l'intelligence vient, et cette lettre morte des souvenirs prend tout à coup une signification précise... J'étais toute petite : un soir, ma gouvernante me tenait sur ses genoux dans votre château de Penamacor... Je m'éveillai, parce que ma gouvernante parlait avec colère, menaçant une personne que je ne pouvais voir. Ma gouvernante disait : « Vous mentez ! le mariage fut célébré à la chapelle de la reine à Madrid ; je le sais, j'y étais, et notre chère petite est Medina-Celi comme Philippe, roi, est Espagne ! »

Un ricanement lui répondit. Je crus reconnaître Pedro Gil, votre intendant, qui fuyait vers les charmilles.

Je voulus interroger ma gouvernante ; elle me dit que j'avais rêvé. Mais que cela fût ou non un rêve, ces paroles restèrent dans mon esprit comme un de ces obsédants refrains dont la mémoire essaye en vain de se débarrasser. Je me disais : « Je suis Medina-Celi comme Philippe roi est Espagne... »

Et plus tard, je remontai de ces paroles à celles qui les précédaient, car la compréhension naissait. Je connus qu'elles étaient une riposte. La riposte me fit deviner quelle avait été l'attaque. Je compris qu'il y avait des doutes sur ma filiation. Et ne croyez pas, ma mère, que j'aie jamais perdu le respect jusqu'au point de vous soupçonner ! Je vous vénère autant que je vous aime... mais, entourées d'ennemis comme nous le sommes, on a pu fausser la réalité et dénaturer le fait lui-même. J'ai conclu que votre mariage, régulier devant Dieu, manquait de sanction vis-à-vis des hommes ; que ma naissance ne me donnait point au nom illustre de mon père des droits incontestables ; me suis-je trompée, ma mère ?

— Vous vous êtes trompée, Bel, prononça froidement la duchesse.

— J'ai donc mal interprété aussi, reprit la jeune fille incrédule, les demi-mots sans cesse répétés sur notre passage, les ricanements des valets congédiés, les insolents regards des soldats de notre escorte...

— Nous étions des proscrits... l'outrage est le pain quotidien des proscrits... Je suis la duchesse de Medina-Celi devant les hommes aussi bien que devant Dieu... Vous êtes, devant Dieu et devant les hommes, l'unique héritière d'une grande race. Si vous avez espéré fuir les devoirs imposés à ce glorieux malheur, vous avez erré, ma fille.

Eleonor de Tolède avait, tout en parlant, glissé sa main sous les dentelles qui garnissaient son corsage. Quand sa main reparut, elle tenait un portefeuille de soie fermé par une plaque d'or poli.

Elle fit jouer le ressort secret qui cachait la

vant moi, car, en l'absence du maître, je gouvernais le domaine. Ils vinrent. C'était un vieillard et une jeune fille. Dès le premier coup d'œil, je crus reconnaître que le père était affublé d'un déguisement, et grimé comme les comédiens au théâtre. Malgré ce masque, il me sembla que j'avais vu ce visage quelque part. La jeune fille était plus blanche que les filles de Tanger. Impossible de voir une plus gracieuse enfant.

A mes questions, le vieillard refusa de répondre. Il me montra sa bouche, avec ce geste si connu des gens privés de la parole. L'enfant me dit :

— Hussein-le-Noir est muet.

Je les regardais tous les deux tour à tour. La physionomie de l'enfant ne m'était pas plus inconnue que celle du père. J'allais ordonner qu'on me laissât seule avec eux lorsque Savien entra pour annoncer l'arrivée d'un détachement d'archers de la confrérie. Ces visites se renouvelaient plusieurs fois chaque semaine, et ma position m'ordonnait de supporter les brutales exigences de ces soudards.

Je me tus. En éloignant l'assistance, désormais j'aurais peut-être des soupçons.

— Pourquoi avez-vous dérobé cette coupe d'argent ? demandai-je en faisant mon accent sévère.

La fillette fixa sur moi ses grands yeux noirs.

— Pour te forcer à nous entendre, répondit-elle en langue italienne et sans hésiter.

Je dois te faire observer que la langue italienne était fort en usage dans la maison de Moncade, dont les aînés ont de père en fils la vice-royauté de Naples. Cette circonstance donna un corps à mes soupçons. La dernière fois que j'avais vu Marie-Blanca, la filleule et la protégée de ma pauvre Blanche de Moncade, c'était encore un enfant. Je crus retrouver ses traits dans ce beau visage de jeune fille.

— Parlez espagnol, ordonnai-je en prêtant à mon accent toute la dureté possible.

— Le besoin, la faim, murmura la fillette.

Ses yeux éloquents étaient toujours fixés sur moi. Il me fallait feindre de ne point comprendre. Je détournai la tête.

Les accusés étant des Mauresques, l'affaire rentrait dans la juridiction officielle. En attendant que le juge ecclésiastique de Badajoz fût prévenu, j'ordonnai que le père et la fille fussent enfermés dans la prison du château. Mon intention était de me rendre auprès d'eux en secret, car il y avait là manifestement un mystère. En se retirant, Hussein-le-Noir jeta sur moi un long et pénétrant regard. La jeune fille me dit en Italien, malgré ma défense :

— Tu ne nous reverras plus. Notre temps est court et notre route est longue... Ouvre la grenade que tu trouveras au chevet de ton lit : son écorce est grossière, mais son fruit est d'or... Adieu !

Pendant tout le reste de cette journée, il me fut impossible de m'approcher des captifs. Les cavaliers de l'hermandad avaient pris d'autorité la garde de la prison. Le soir, le valet chargé de leur porter leur nourriture trouva le cachot vide ; cette fuite tenait du miracle. Elle s'était accomplie en plein jour, sans bruit, sans effort apparent, sans laisser derrière elle aucune trace.

Je me trompe : un bras avait tordu et brisé l'un des barreaux de la fenêtre avec une vigueur surhumaine. La fenêtre était ouverte sur les fossés de Penamacor, profonds comme un abîme.

Les archers de l'hermandad dirent que ces sorciers arabes, quand ils le veulent, se font pousser des ailes. Dans leurs bagages, qui furent visités, on trouva seulement deux ou trois tapis, quelques amulettes sans valeur et des grenades de Tanger complétement desséchées.

Ces grenades me firent songer aux dernières paroles de la jeune fille, que j'avais oubliées. Je rentrai dans mon appartement, dont j'éloignai mes femmes. Au chevet de mon lit, selon la promesse de ma fugitive, j'aperçus un de ces énormes fruits d'une grosseur énorme. Pressée par la curiosité, je m'en saisis : il était léger comme une plume, et certes les paroles de la Mauresque ne pouvaient être vraies à la lettre. Ce n'était pas de l'or qui était dans cette enveloppe desséchée.

Au moment de briser la coque, je m'aperçus qu'elle était d'avance séparée en deux par une rainure habilement dissimulée. C'était une sorte de boîte, qui s'ouvrit à mon premier effort. Elle contenait deux plis. Le premier était ce parchemin, qui tenait, à lui seul, la promesse de la Mauresque. Pour nous, il est d'or. Le second était un **billet écrit en italien et signée :** BIANCA-MARIA. **Il portait ces mots :**

« **Pour l'amour de ma bien-aimée marraine, vivez, vous verrez. Après l'orage le soleil brille.** »

Quelqu'un travaillait donc en secret à déblayer

ces ruines que l'avénement d'Olivarès avait faites! Dirai-je quelqu'un de bien faible? Non, car ses actes indiquaient une étrange puissance. Les épaisses murailles de l'Alcala de Guadaira n'avaient pas été, pour le mystérieux agent, une suffisante barrière.

Ce parchemin venait du cachot du bon duc.

Le billet ne parlait point de lui ; mais le soleil peut-il briller pour moi tant que mon époux est dans les fers? C'était une promesse ; j'eus la folie d'y croire. Pendant bien des mois j'attendis chaque jour ce bizarre messie dont la venue devait signaler la fin de notre martyre.

J'attendis en vain. Depuis lors je n'ai jamais entendu parler de nos mystérieux défenseurs.

Eleonor de Tolède releva les yeux sur sa fille en prononçant ces dernières paroles. Celle-ci était pensive et comme absorbée. Elle avait approché le parchemin de ses lèvres et baisait la signature du bon duc de Medina-Celi.

— N'as-tu rien perdu de mes paroles, Bel, mon enfant chérie? demanda la duchesse.

Comme la jeune fille allait répondre, un bruit léger se fit dans la ruelle du lit : Eléonor de Tolède se leva de son haut et resta bouche béante.

— Tais-toi ! fit-elle en voyant l'étonnement que son émotion causait à Isabel ; pas un mot!... Seigneur mon Dieu, me serais-je trompée, et nos jours d'épreuves seraient-ils enfin révolus?

Il y avait dans cette invocation une ardeur si passionnée, le calme que la duchesse avait gardé jusque-là s'était si soudainement évanoui, qu'il fallait bien accorder à ce bruit une importance extraordinaire.

Isabel reçut le contre-coup de l'émotion de sa mère. Elle n'en devinait point l'objet, mais elle sentait qu'il y avait là, tout près d'elle, quelque symptôme imperceptible annonçant une crise de vie et de mort.

Quelle était cette crise? Où allait cet espoir d'Eleonor de Tolède, espoir immense, on le voyait, et poignant jusqu'à la détresse?

Quel juge invisible suspendait ainsi l'arrêt au-dessus de sa tête?

Elle écoutait toujours, pâle, tremblante, le sein révolté, l'œil fixé avidement sur la ruelle de son lit.

Mais l'éclair qui s'était allumé dans ses yeux allait s'éteignant : le bruit avait cessé.

— M'étais-je trompée?... murmura-t-elle d'un accent craintif en s'adressant à sa fille ; ai-je pris pour la réalité ce qui n'était qu'un souhait fiévreux et découragé déjà?... Bel, n'as-tu rien entendu?

— J'ai entendu, ma mère, répliqua la jeune fille.

— N'est-ce pas... le bruit d'une porte?...

— Le bruit d'une porte, c'est vrai... quoique je ne voie point de porte.

La duchesse lui saisit les deux mains et les posa sur son cœur qui battait avec violence.

— Tout ce que je t'ai dit est inutile peut-être, s'écria-t-elle ; oublie-le, enfant, ma chère enfant, si Dieu nous rend notre vraie défenseur!...

Puis s'arrêtant et retenant son souffle :

— Écoute!

Le bruit eut lieu de nouveau.

— Il vient! murmura Éléonor dont les genoux fléchirent; Seigneur mon Dieu, soyez béni!

Non! reprit-elle, avec une exaltation croissante. Tu ne vois pas cette porte... nul ne la connaît, vois-tu! c'est un secret entre lui et moi... le secret de nos belles amours et de nos jeunes caresses! personne ne sait cela, personne... S'il entre par là, Bel, nous sommes sauvées!... tu as un père, j'ai mon époux adoré... jette-toi à son cou, ma fille, pendant que je tomberai à ses pieds.

— Vous aviez donc des doutes, ma mère? demanda Isabel! — vous aviez donc pu penser que mon père?...

— Je ne sais! interrompit Eleonor; à quoi bon m'interroger?... Mon cœur s'élance vers lui, tout mon cœur! Quinze années de larmes payées par un seul baiser... Enfant, enfant, tu ne peux pas comprendre cela!... Qui donc t'aurait dit les souffrances et les bonheurs d'aimer?

Elle prêta l'oreille. Son sourire était jeune, ses larmes de joie lui faisaient une beauté céleste.

Isabel l'admirait en silence, n'osant dire : Si fait, mère, je connais ce bonheur et cette souffrance...

La voix d'Eleonor vibra douce comme un chant, quand elle murmura sans savoir qu'elle parlait :

— Hernan!... mon seigneur!... mon mari! mon bien suprême et adoré!...

Mais il tarde bien, s'interrompit-elle, souriant parmi ses larmes, à mettre la clef dans la serrure... Il guette, il veut me surprendre...

Une troisième fois le bruit se fit, mais plus fort.

Une porte invisible battit distinctement derrière les draperies.

— C'est le vent, fit Isabel.

A peine ce mot lui eut-il échappé qu'elle eut regret et frayeur. Ce fut comme un coup qui frappa la duchesse en plein cœur. Elle eut un tressaillement convulsif, et les muscles de sa face se contractèrent.

— Le vent! répéta-t-elle : est-ce toi qui as dit cela?

— Ma mère... voulut commencer Isabel.

— Si c'est le vent, malheur sur nous!... Si c'est le vent, Dieu n'a pas pitié!... Si c'est le vent...

Elle s'élança vers son lit au lieu d'achever, disant de sa propre voix qui chevrotait et tremblait :

— Sainte Vierge, oh! sainte Vierge! non, non, ce n'est pas le vent!

Isabel la vit tourner autour du lit et pénétrer dans la ruelle. A la paroi de l'oratoire ou chapelle, du côté droit, était suspendu un tableau de Montanez représentant l'épouse et l'époux du Cantique des cantiques. La duchesse, qui avait peine à se soutenir, pesa sur l'angle inférieur du cadre. Le tableau bascula comme une porte qui s'ouvre, montrant un réduit noir et profond.

La duchesse s'appuya au marbre de l'autel. Tout son être défaillait.

— Hernan! appela-t-elle d'une voix mourante, Hernan! je vous en supplie, répondez-moi!

Ce fut le silence qui lui répondit.

La duchesse chancela. Isabel s'élança pour la soutenir.

— Tu avais raison, Bel, murmura-t-elle, étouffée qu'elle était par les sanglots ; le vent, ce n'était que le vent !

Trois coups distincts et solennellement espacés furent frappés à la porte principale.

La duchesse fit effort sur elle-même. D'une main elle essuya ses larmes, de l'autre elle ramena le tableau de Montanez qui ferma l'ouverture secrète.

— Autrefois, balbutia-t-elle, c'était par là qu'il venait.

— Monseigneur le duc, dit la chambrière majeure, demande s'il fait jour chez madame la duchesse.

— Il vient, ma mère ! murmura Isabel qui pressa les deux mains de la duchesse entre les siennes ; du courage !... Qu'importe la voie, puisqu'il vient !

Eléonor de Tolède secoua la tête lentement.

— Tu as vu si je l'aime ! répondit-elle à voix basse ; Bel, ma fille, s'il faut combattre, Dieu me rendra ma force... ne me jugera pas avant de savoir !...

Puis, tout haut et d'un ton qu'elle réussit à rendre calme :

— Monseigneur le duc a le droit d'entrer ici à toute heure, qu'il soit introduit !

IX

RÉPARATION D'HONNEUR

C'était encore une chambre à coucher, et, derrière le lit à colonnes, c'était encore un oratoire.

La forme de la pièce était absolument la même, et l'on eût pu se croire encore dans la retraite de la bonne duchesse, sans la différence de l'ameublement. Pour compléter la ressemblance, une des parois de l'oratoire était recouverte par un grand tableau de Montanez, représentant aussi l'époux et l'épouse du Cantique des cantiques.

Ces deux tableaux, évidemment destinés à se faire pendant, semblaient s'appeler l'un l'autre, séparés qu'ils étaient par toute l'épaisseur du principal corps de logis de la maison de Pilate.

La parité des deux chambres était, du reste, un résultat de la symétrie des bâtiments. Elles occupaient en effet une position parallèle aux deux extrémités du corps de logis, et formaient le premier étage des deux pavillons carrés qui flanquaient la façade.

De tout temps ces deux pièces avaient servi de retraite, l'une au bon duc, l'autre à la bonne duchesse, depuis l'époque où le grand marquis de Tarifa éleva ce monument aux pieux souvenirs de ses voyages en terre sainte.

Le duc actuel, pendant son séjour à Séville, après son mariage, avait fait placer seulement les deux tableaux, l'un dans sa chambre, l'autre dans la chambre de sa femme. Les serviteurs de Medina-Celi pouvaient se souvenir qu'à cette époque un artisan maure avait exécuté, à l'intérieur de la maison de Pilate, de longs et mystérieux travaux.

L'ameublement de la chambre à coucher du bon duc était simple et grand. Nos jeunes seigneurs, clients de Galfaros et amoureux des modes françaises, l'auraient, certes, trouvé trop austère, mais il allait bien aux souvenirs et à l'histoire de cette solide maison de Guzman qui avait fourni tant de héros à l'Espagne. On y voyait appendue aux murailles la série des reliques et trophées que l'illustre pélerin avait rapportés de Palestine. On y voyait aussi divers plans de la vallée du Jourdain et des lieux célébrés dans les saintes Écritures.

A l'heure où nous entrons dans cet antique et vénérable musée, sa physionomie évangélique était un peu déparée par certains objets qui contrastaient grandement avec l'ensemble du décor, et surtout par un désordre général qui semblait de fraîche date. Le lit défait avait ses couvertures à la diable ; des débris de réveillon restaient sur les tables. Un manteau était jeté fort irrévérencieusement sur la crèche, cachant les trois mages et une partie des paysans de Bethléem. Un bonnet de nuit coiffait insolemment l'urne authentique qui contenait l'eau du Jourdain.

Vous eussiez dit qu'Héliodore était entré dans le temple. Rome avait ouvert ses portes au fléau de Dieu. C'était l'outrage de la conquête.

Et pourtant, il n'y avait là ni païen, ni mécréant. Le bon duc, réintégré depuis la veille au soir dans le palais de ses pères, était tranquillement étendu sur une ottomane et devisait avec un personnage discrètement couvert, qui tenait dans le monde une position officielle et honorable : le seigneur Pedro Gil, oidor second à l'audience de Séville.

Que faire en un gîte, à moins que l'on ne songe ?

a dit notre La Fontaine. En prison le choix des distractions n'est ni très copieux ni très varié. Quand on n'est pas du tempérament de ceux qui font l'éducation des mouches ou élèvent des araignées, quand on n'a pas cette poétique puissance des esprits repliés sur eux-mêmes et suffisant aux besoins d'une longue solitude, on se laisse aller parfois. Les exemples abondent. La prison a écrasé plus d'un grand cœur, étouffé plus d'un grand esprit.

L'oiseau trop longtemps captif ne sait plus voler. L'âme aussi peut perdre ses ailes dans ces cages, avares de jour et d'air.

Le bon duc avait près de lui un guéridon. Sur le guéridon étaient rangées quelques bouteilles de grès, courtes et ventrues comme celles qui servaient alors à conserver les parfums du nectar de l'Espagne, le xérès mayor de Rota. Une tasse de bonne taille, à demi pleine d'or liquide, accompagnait les flacons.

Un plat de jambon vermeil, soit qu'il eût été fumé à Andujar, soit qu'il eût été flambé à Padoue, étalait entre les bouteilles ses tranches appétissantes et violemment parfumées par l'ail, cher aux fortes haleines. Horace, poête du Midi pourtant, a maudit l'ail « plus empoisonné que la ciguë; » mais l'ail peut se passer des flatteries de la muse, soutenu qu'il est par la tendresse des portefaix.

Le bon duc avait donc pris ce goût en prison : bien manger et mieux boire. Chez nous, pour arriver au même résultat, beaucoup de gens n'ont pas besoin d'une captivité de quinze ans.

Le bon duc était en négligé du matin. Sa pose

indiquait la volonté de se mettre absolument à son aise. Un magnifique costume était étalé non loin de lui, attendant le moment où Sa Grâce daignerait le revêtir. Le seigneur Pedro Gil se tenait debout à quelques pas. Il avait l'air soucieux étonné, inquiet. Il gardait le silence.

— Je vous dis, maître Gil, prononça le bon duc en bâillant, et comme un homme qui poursuit avec fatigue un entretien dépourvu d'intérêt, je vous dis que votre vieux Zuniga m'ennuie... Par Saint Jacques ! je suis habitué à fréquenter de joyeux lurons qui ont besoin de leur esprit pour vivre. Tous vos grands seigneurs sont épais, ils m'endorment... je veux que vous m'ameniez ici quelques bons gaillards qui sachent un peu ce que parler veut dire... Pensez-vous que je vais vivre ici en ermite !

— Il faut d'abord, répliqua Pedro Gil sèchement, que nous fassions nos affaires... Quand nos affaires seront faites.

— Mon ami, interrompit le duc, qui renversa sa belle tête sur les coussins, je me moque de vos affaires comme d'un pépin d'orange... Si vous vous mettez toujours en avant, je vous préviens que nous ne ferons rien qui vaille... moi d'abord, vous ensuite : voilà l'ordre logique.

Le rouge monta si violemment au visage de l'oïdor que l'émail de ses yeux lui-même s'injecta. Ses deux poings se fermèrent et un tremblement agita ses lèvres.

— Ah çà, maraud ! s'écria-t-il, incapable de contenir plus longtemps la colère qui l'étouffait, penses-tu pouvoir ainsi te moquer de nous ?...

Hernan de Medina-Celi ne quitta point sa pose indolente.

Il prit seulement sur la table une sonnette qu'il agita.

Un valet parut.

— Comment se nomme ce garçon ? demanda le duc du ton le plus paisible.

— Alonzo Nunez, répondit l'oidor.

— Merci... Alonzo Nunez, mon ami, tiens-toi dans le corridor avec deux de tes camarades. Il se peut que j'aie besoin de toi ce matin pour jeter un insolent par les fenêtres.

— Son Excellence n'aura qu'à parler, répliqua le Nunez avec un sourire de mécontentement zélé.

— Va, mon garçon, et choisis deux bonnes paires de poignets.

Alonzo sourit. Pedro Gil avait de l'écume sous sa moustache. Il fit un pas vers l'ottomane. Le bon duc but une gorgée de xérès.

— N'ajoutez pas un mot, seigneur oidor, dit-il, après avoir savouré une copieuse lampée de ce noble breuvage digne de la bouche des rois, si vous voulez que nous nous entendions, qu'il ne vous arrive plus jamais... jamais, vous me comprenez, de perdre le respect, même quand nous serons seuls !

— Tu te prends donc au sérieux ? voulut poursuivre Pedro Gil.

— Ces façons familières de parler ne me conviennent pas, maître Pedro. Je ne familiarise qu'avec les gens de ma sorte... Vous irez, ce matin, au quartier des gueux... vous m'amènerez Escaramujo, un épileptique de talent, dont je compte faire mon écuyer ; Mazapan, un vieux brave qui fait la paralysie à miracle : il sera mon secrétaire : et Maravedi, une jeune peste de bien belle espérance, que j'élèverai du premier coup à la dignité de page.

— Mais vous ne songez pas...

— Si fait ; cette vie d'apparat est triste : je veux y semer quelques fleurs. Escaramujo, Mazapan, Maravedi... et d'autres que je me réserve d'appeler, car il y aura beaucoup d'élus, seront une compensation aux visites de votre vieux ministre, de votre commandant des gardes, de votre président de l'audience.

Il eut un long bâillement au souvenir de ces trois hommes d'Etat.

— Et aussi aux visites que vous voudrez bien me rendre, seigneur oïdor, acheva le bon duc, quand le spasme eut pris fin.

Pedro Gil s'inclina, tâchant de prendre un air moqueur.

— A la bonne heure, fit le duc ; essayons un peu de raillerie ; cela couvre bien une défaite... et vous êtes battu à plate couture, maître Pedro Gil... Voyons ! parlons raison. Avez-vous pu croire un seul instant que j'abandonnais une position de premier ordre pour devenir le très humble serviteur d'un coquin tel que vous ?... coquin subalterne encore, exposé douze fois chaque jour à avoir les oreilles coupées !...

Si vous vouliez commander, messeigneurs, il fallait prendre un homme du commun, habitué à obéir... Le bon sens dit cela, que diable !... Vous m'avez choisi pour le hasard d'une ressemblance.

Cette ressemblance elle-même devait vous ouvrir les yeux... Je ressemble à un duc trait pour trait, et si parfaitement que cela tient du miracle... n'est-ce pas preuve que Dieu s'est servi pour nous deux du même moule?...

Je vaux le duc *à priori*, comme nous disions à l'Université... En creusant le parallèle, je vaux dix fois, je vaux cent fois le duc, car il est parti de très haut pour aboutir à une prison, où l'on boit tiède, où l'on mange fort mal, où l'on dort sur une botte de paille, tandis que moi, parti des profondeurs où l'on jeûne, je suis arrivé, dès longtemps, à compter mes jours par mes bombances.

Je jure par l'écusson vénéré du marquis de Tarifa, mon aïeul, ajouta-t-il avec une solennité burlesque, que depuis dix ans et plus je me couche ivre chaque soir...

Item, je jure que je ne m'enivre jamais qu'avec du bon.

Item, je jure qu'il me faut beaucoup de bon pour me mettre dans cet état heureux qui prouve la supériorité de l'homme sur la brute... Seigneur Gil, ce sont là des faits, et notre professeur de logique avait coutume de dire : Un seul fait vaut tous les arguments du monde.

Le seigneur Gil avait perdu son sourire sarcastique. Ses épais sourcils s'abaissaient sur ses yeux, et son front se ridait. Evidemment le seigneur Gil était livré à des réflexions profondes.

— La forme n'y fait rien, dit-il enfin, et j'ai eu tort d'entamer cette guerre... Du moment que vous exécutez nos ordres...

Le duc l'arrêta d'un geste plein de grandeur et de véritable fierté.

— Je vous interdis ces expressions, dit-il en se levant sur le coude : la forme fait beaucoup. Je suis un homme de formes... Je prends l'engagement de ne jamais exécuter vos ordres.

— En ce cas...

— Je vous prie de vous taire quand je parle, maître Gil. Je ne veux pas de vos ordres... Seulement, comme il est certain qu'une sorte de pacte a été conclu entre nous, quand vos fantaisies ne gêneront en rien les miennes, je pourrai à l'occasion vous donner un coup d'épaule... Ainsi par exemple, pour ce qui regarde ce fameux mariage, vous me présenterez le jeune homme... et si le cavalier a le don de me plaire...

— Vous présenter le comte de Palomas ? se récria oïdor.

— Et pourquoi non, insolente espèce ! n'est-ce pas la hiérarchie ?... De comte à duc, lequel a le pas ?

— Mais c'est le propre neveu du comte duc !...

— Nous autres Medina, nous sommes les cousins du roi !

Ce disant, le bon duc passa ses doigts dans ses cheveux avec une adorable fatuité, puis il reprit :

— En conscience, marie-t-on sa fille unique sans avoir vu au moins le fiancé ?

— Esteban, prononça l'oïdor d'une voix sourde, croyez-moi, vous jouez là un jeu dangereux.

— Où est cet Esteban ? demanda le bon duc en promenant son regard tout autour de la chambre.

— N'équivoquons pas.

— Soit. Je suis brave dès qu'il ne s'agit pas de manier cet outil stupide et brutal qui se nomme une épée... Les jeux périlleux me plaisent. D'ailleurs, s'il faut parler franc, je ne crois pas courir le moindre risque... Il vous faut un duc de Medina-Celi ? Cela ne se trouve pas à chaque coin de rue... Tant que vous aurez besoin de moi, je suis à l'abri. En conséquence, la marche du jeu, pour continuer votre métaphore, est de s'arranger de façon à ce vous ayez toujours besoin de moi.

Pedro Gil ne put retenir une grimace de suprême mécontentement.

Le bon duc, qui le regardait en face, repoussa son verre et se mit sur ses pieds.

— C'est assez bu, dit-il en redressant sa haute taille et en croisant ses bras sur sa poitrine, c'est trop bavarder ! je dois à d'autres soins mon intelligence et mon cœur. J'ai la gloire de ma maison à soutenir, maître Gil, et j'ai ma famille à aimer.

L'oïdor ayant haussé les épaules, le duc, sérieux et hautain, reprit avec une dignité qui eût certes fait honneur à un grand d'Espagne.

— Niez-vous le fait ? Je répète que cette discussion indécente me répugne et me fatigue... Si vous ne voulez pas de moi tel que je suis j'offre ma démission... J'abdique comme Dioclétien, comme Charles-Quint, et comme différents autres monarques dont les noms ne me reviennent pas pour le moment... Seulement, ces têtes couronnées déposaient le diadème, l'un pour un chapeau de paysan (si toutefois cette coiffure était portée par les villageois du Bas-Empire), l'autre, pour un capuchon de moine... Moi, au contraire, c'est en déposant un vain titre que je reprends mon sceptre légitime... Le duc est-il mort? vive le roi!

Il agita de nouveau sa sonnette, et comme l'oïdor étonné le regardait avec une certaine inquiétude :

— Non... non, murmura-t-il, souriant en bon prince qu'il était, ce n'est pas encore pour vous faire jeter par la fenêtre.

Alonzo reparut. Derrière lui se détachaient les silhouettes de son père et de ses frères; en tout, quatre Andalous trapus et barbus, dont les yeux étincelants se fixèrent à la fois sur le seigneur Pedro Gil.

Alonzo avait parlé sans doute. Les quatre Nunez avaient l'eau à la bouche. Obéir au bon duc et châtier du même coup l'intendant scélérat, c'était pour eux une double aubaine.

— Qu'on m'habille! ordonna Son Excellence, qui lança loin de lui son manteau de nuit.

Au moment où les deux chambriers entraient en cérémonie avec les divers instruments de leur charge, Pedro Gil, affectant un profond respect, s'inclina fort bas et dit :

— Monseigneur, ai-je la permission de prendre congé?

Les Nunez échangèrent entre eux un regard. Ce regard voulait dire : On va nous le donner.

Saint Jacques et saint Antoine! tous les saints de Galice et tous les saints des Asturies! les Nunez étaient de vrais lions qui attendaient ce Daniel dans la fosse. Leurs physionomies avaient une si bonne expression de férocité domestique que Pedro Gil eut un peu la sueur froide.

— Parfumez ma barbe et mes cheveux, disait

cependant le bon duc ; j'ai été privé de tout cela en prison... vous allez voir que je suis encore frais, malgré mon âge et mes infortunes.

Les quatre Nunez eurent des larmes dans les yeux et Dieu nous préserve de railler la naïveté de leur attendrissement !

— Monseigneur, reprit Pedro Gil, toujours courbé en deux, j'ai sollicité la permission...

Le bon duc l'interrompit, disant avec cette haute bienveillance qui appartient seulement aux vrais grands seigneurs :

— Point, Pedro, mon ami, point !... asseyez-vous plutôt... on vous a traité ici fort sévèrement autrefois, et peut-être avec injustice... il vous est dû une réparation ; vous l'aurez.

Les Nunez rentrèrent leurs griffes loyales et refermèrent la porte. L'oïdor s'inclina et prit un siège. Il faisait de son mieux pour garder une mine sereine, mais il se disait : Le drôle a beau jeu !... Il tient les cartes, et il a de l'esprit comme une demi-douzaine de grands d'Espagne !

Le bon duc faisait paisiblement sa toilette. Quand il eût revêtu les habits qui convenaient à sa naissance et à cette fortune qui excitait si fort la convoitise de la cour, il dit aux deux chambriers :

— Qu'on ouvre la porte à deux battants, et que tous les serviteurs de Medina-Celi soient admis à saluer leur maître !

— Comment me trouvez-vous, oïdor ? ajouta-t-il en se tournant vers Pedro Gil ; quinze années de captivité m'ont-elles enlevé toute ma bonne mine ?

Pedro Gil admirait. Il ne regrettait qu'une chose, c'était d'avoir trop bien choisi son comédien. L'acteur dominait le rôle.

— Maître Pedro, reprit le bon duc, quand vous aurez bien compris cette vérité incontestable, qu'il faut faire en tout et pour tout selon ma fantaisie, vous verrez que nous serons les meilleurs amis du monde... Je ne refuse pas, entendez le bien, de favoriser les vues de vos patrons... J'ai un faible pour le comte-duc, tel que vous me voyez... C'est aussi un comédien dans son genre, seulement il fait le genre lugubre... Veuillez me mettre un peu au fait du personnel de ma maison, car il faut que je dise un mot à chacun et vous sentez qu'après quinze ans d'absence j'ai pu oublier une foule de petits détails.

L'oïdor ne put que se prêter de bonne grâce à ce désir. Son intérêt était plus fort que sa mauvaise humeur. Le bon duc eut des renseignements courts et précis sur chacun de ses domestiques ; Pedro Gil était précisément l'homme qu'il fallait pour cela.

Bientôt une rumeur et un bruit de pas se firent entendre dans les corridors voisins. Les gens de Medina-Celi venaient passer la grande revue.

— Il ne me reste plus, dit le bon duc, qu'à mettre les noms sur les visages... Attention, oïdor ; tenez-vous près de moi et ne me laissez pas dans l'embarras.

— Peut-on entrer chez monseigneur ? demanda au seuil une voix vénérable.

— Approchez, guide respecté de mon enfance, répondit le bon duc qui ouvrit théâtralement ses deux bras, digne chapelain, mon directeur et mon précepteur... Approchez, frère Bartholomé... Mon noble père vous respectait, je vous aime !

La figure du vieux prêtre était baignée de larmes. Il voulut baiser la main de son maître, mais celui-ci l'attira dans ses bras.

C'était touchant. On a regret à dire que ces comédies peuvent atteindre aux grandes émotions de la réalité. Tous les cœurs battaient. Le vieux prêtre, défaillant, dut s'asseoir, car ses pauvres jambes tremblantes ne pouvaient plus soutenir le poids de son corps.

C'était son élève, ce maître qu'il revoyait après une si longue absence.

— Maintenant, dit-il, je puis mourir... Hernan ! mon cher enfant !... mon seigneur !

— Genuefa, votre nourrice... murmura Pedro Gil, qui riait dans sa barbe, incapable qu'il était de voir autre chose que le côté comique de la situation.

Le bon duc considéra un instant en silence une pauvre vieille femme courbée par l'âge, qui le contemplait l'œil humide, la tête branlante.

— Ma pauvre vieille mère Geneviève ! fit-il en un cri de l'âme parfaitement réussi.

Genuefa, galvanisée, redressa ses reins et vint tomber à ses genoux.

Il la releva ; il la pressa contre son cœur. Sur l'honneur, il pleurait.

Pedro Gil pensait :

— Un histrion merveilleux !... Talent de première force !

— Elle a mangé plus d'ail que moi, lui dit le bon duc à l'oreille.

— Elle a deux fils à l'armée, répliqua l'oïdor.

— Geneviève, ma seconde mère, reprit aussitôt le Medina-Celi, ta douce image m'a visité souvent dans ma captivité ; je m'occupais de toi... j'ai appris que mes deux frères de lait servent le roi.

— Feliz est mort, balbutia Genuefa.

— L'autre se nomme Lazaro, souffla l'oïdor.

— Nous ferons de Lazaro un capitaine, dit le bon duc.

Genuefa joignit ses pauvres mains ridées.

— Il se souvenait de nous ! murmura-t-elle en extase.

Puis, comme le chapelain :

— Je puis, mourir ! oh ! je puis mourir !...

— Voici Manquera, le majordome, annonça tout bas Pedro.

— Que je sache seulement où il serre les doublons qu'il m'a volés ! grommela le duc.

Et tout haut :

— Serviteur intègre ! modèle des administrateurs probes et à la fois éclairés, Manquera, ta fidélité sera récompensée.

— Monseigneur... commença le majordome.

— Ta main ; c'est pour moi un bonheur que d'y poser la mienne.

— La famille Nunez, dit l'oïdor, une nichée de loups. La vieille a nom Catalina... elle est la nourrice de votre fille.

— N'aurons-nous jamais fini avec les nourrices ? gronda le Medina-Celi.

Et, sans transition, avec la rondeur affable des gens de bonne maison :

— Approchez, les Nunez, approchez, mes amis,

ne craignez rien ; j'ai été on ne peut plus satisfait des soins que vous avez donnés au palais de mes pères... Catalina, ma bonne, nous avons pris de l'âge. Hé ! hé ! la dernière fois que nous sommes vus, vos cheveux étaient noirs... Comment va, vieux Pascual ? Nous sommes encore verts, n'est-ce pas vrai ?

Les Nunez avaient mis un genou en terre.

— Et les fils ? demanda le Medina en se tournant à demi vers Pedro Gil.

— Miguel... Alonzo... que le diable emporte l'autre ! son nom ne me revient pas.

— Tu étais un enfant, Miguel... Alonzo, je t'ai vu haut comme cela... et le troisième... la peste soit de ma mémoire ! enfin tu es Nunez aussi, cela suffit... j'aime mieux votre nom, sur ma foi ! que celui de bien des gentilshommes...

— Savien, ancien écuyer du dernier duc, dit l'oïdor.

— Est-ce que je ne me trompe pas ! s'écria aussitôt le Medina ; mon vaillant Savien, l'écuyer de mon bien-aimé père et seigneur !... Viens çà, de par Dieu, bon homme, que je t'embrasse sur les deux joues !

Savien avançait, chancelant comme un homme ivre.

Le bon duc lui donna une double accolade.

— Ah ! ah ! reprit-il, te souviens-tu que tu m'apprenais à monter à cheval ?

— Votre Grâce daigne se rappeler ?...

— Morbleu ! cette chute, Savien... là-bas... dans ce fond, sur les rochers... Je faillis me briser le crâne, ni plus, ni moins...

— Jamais avec moi, monseigneur! protesta le vieillard vivement. Vous étiez écuyer de naissance... Une chute!... vous?... A douze ans, vous domptâtes l'étalon genet de Medina-Sidonia, votre cousin... Vous, une chute!...

— Mère de Dieu! s'écria le duc en riant, ne vas-tu pas te vanter d'avoir plus de mémoire que moi, Savien? La cicatrice est encore là, sous mes cheveux... je montais l'étalon rouan... celui qui cassa l'épaule du maréchal ferrant quand on lui mit le feu sous le sabot pour la première fois.

Savien passa sa main sur son front.

— Celui qui cassa l'épaule?... balbutia-t-il, du maréchal ferrant?

— Vous glissez, monseigneur, murmura Pedro Gil à l'oreille du duc; brisez là!

— Tu es vieux, mon ami Savien, dit le Medina; tu te souviendrais mieux des aventures de mon honoré père.

— J'espère, murmura le vieillard, que monseigneur n'est pas irrité contre moi?...

— Parce que tu as oublié l'étalon rouan? allons donc!... Nous recauserons de tout cela, Savien...

— Carlotta, la femme de charge, dit Pedro Gil, continuant de présenter au duc les gens de sa maison.

— A la bonne heure! fit joyeusement le duc, en voici une qui a pris de l'embonpoint!... Me contrediras-tu aussi, toi, Carlotta, si j'avance qu'autrefois on prenait ta taille entre les dix doigts?

— Oh! certes non, répondit la duègne, rouge de plaisir; monseigneur était un jeune homme vif et de gai caractère.

— As-tu une fille, Carlotta? Nous la marierons.

— Elle a distingué... dois-je avouer cela à monseigneur? Osorio, ce grand jeune homme, l'écuyer de madame.

Elle choisit bien, par les cinq plaies! Cet Osorio me conviendrait, si j'étais duchesse.

Il éleva la voix brusquement.

— Lequel d'entre vous, demanda-t-il, est Osorio, l'écuyer de ma femme?

— C'est moi, seigneur, s'il plaît à Votre Grâce.

— Cela me plaît, mon garçon... Vive Dieu, vous voilà beau cavalier... J'ai mémoire d'un Osorio, mais vous n'étiez qu'un enfant quand je partis...

— Son père était gouverneur de votre château du Muchamiel, dit l'oïdor.

— L'Osorio dont Votre Grâce daigne parler... commença l'écuyer.

— Saint Jacques! s'écria le bon duc; j'y suis! je cherchais à qui tu ressemblais... Je passai une semaine, en l'an 1628, au château de Muchamiel, dont ton père tenait le gouvernement...

— Précisément, seigneur, c'était mon père.

— Et il le tenait bien, Dieu vivant!... Je sais que la duchesse est contente de toi, l'ami : j'aurai soin de ta fortune.

Puis, tout bas, à Pedro Gil :

— Je ne me suis tant ennuyé de ma vie!... A un autre, souffleur!... et tâchons d'en finir!

Pedro Gil ne demandait pas mieux. Il enfila un chapelet de noms, accolant à chacun une épithète caractéristique ou une courte apposition. Le bon duc, brodant aussitôt ce thème avec une merveilleuse adresse, acheva sans encombre sa distribution de compliments et de souvenirs. Tout le monde eut sa part, tout le monde fut content. L'enthousiasme était général.

On n'entendait que ces mots haletants et accentués par l'émotion :

— Quel maître nous avons ! quel bon maître !

— Ouf ! dit le duc, quand il eut comblé, pour couronner l'œuvre, le cuisinier en chef, dont il prétendit avoir reconnu les ragoûts, la veille au soir, après quinze ans de jeûne ; voilà une assommante histoire !... A votre tour, oïdor !... voyons si vous savez amener une larme à votre œil.

— Seigneur Pedro Gil ! reprit-il à haute voix et d'un ton véritablement solennel, le roi notre maître vous a jugé digne d'occuper une place importante dans la magistrature, mais, lorsque j'ai quitté Séville, vous étiez, vous aussi, au nombre de mes serviteurs.

— Je ne l'ai pas oublié, monseigneur, et je m'en honore, répondit l'auditeur qui se tenait sur la réserve.

L'assemblée n'était pas pour lui. Tout le monde restait froid.

— Pedro Gil, continua cependant le bon duc, donnez-moi votre main... Devant tous ceux qui sont ici rassemblés, moi, Hernan-Maria Perez de Guzman, marquis de Tarifa, duc de Medina-Celi, je vous fais réparation d'honneur !

Il y eut des murmures.

L'oïdor était très pâle.

D'autres que nous ont dû éditer cette observation, curieuse au premier chef : les acteurs eux-mêmes subissent l'impression d'une mise en scène bien faite.

— Je vous fais réparation d'honneur, répéta le bon duc d'une voix forte, en promenant son regard sur l'assemblée. Dieu m'est témoin que je n'accuse point la noble épouse que le ciel m'a donnée. Dona Eleonor de Tolède a agi selon sa conscience et dans la nature de ses pouvoirs ; mais la femme est une créature faible et facile à tromper...

— Monseigneur! interrompirent à la fois Manquera le majordome et Osorio l'écuyer.

Un coup d'œil du bon duc arrêta la parole sur leurs lèvres.

— Ai-je parlé? prononça-t-il lentement ; m'a-t-on entendu ? Quinze ans d'infortune ont-ils prescrit l'autorité que j'avais sur mes amis et sur mes serviteurs?

Toutes les têtes se courbèrent. Le bon duc poursuivit d'un accent paternel :

— C'est le malheur des temps, vous ne connaissez pas votre maître ! Pouviez-vous voir son cœur à travers les murs épais d'une forteresse?... L'âme de Medina-Celi ne peut pas être captive. Mon corps languissait dans les fers, mon esprit était au milieu de vous... Enfants, ne jugez pas ce qui est au-dessus de votre portée... Tout ce que cet homme a fait, je l'ai voulu... Et pensez-vous que les remparts de Alcala de Guadaira soient tombés à mon commandement par miracle, comme autrefois les murailles de Jéricho au son de la trompette sacrée?... Cet homme a gardé mon secret, cet homme a fait son devoir, cet homme, sauf la part qui revient à la miséricorde divine, est mon libérateur et mon sauveur !

— Que grâces vous soient rendues, monseigneur, lui dit Pedro Gil d'une voix altérée.

La situation le gagnait, comme l'avait prédit le bon duc, il avait, ma foi ! la larme à l'œil.

Le vieux Nunez s'avança le premier.

— Ce que mon maître veut, je le veux, dit-il ; réparation d'honneur au seigneur Pedro Gil !

Ce mot courut de bouche en bouche ; en courant il s'échauffa. Le sang andalous bout vite. Une minute après, on eût volontiers porté en triomphe le seigneur Pedro Gil, qui, par dévouement, s'était laissé accuser de concussions et autres vilenies pour travailler plus sûrement à la délivrance du bon duc.

Celui-ci donna congé. Tout le monde se retira dans des sentiments de componction et d'admiration. Pedro Gil participait à l'enthousiasme qu'inspirait le Medina-Celi. On a vu de ces abnégations sombres et sublimes, subissant tout, même la honte, pour arriver au but : Pedro Gil, pour employer cette forme éminemment espagnole, était le martyr de son dévouement.

Le bon duc se renversa sur l'ottomane et se reposa en un rire indolent et paresseux.

Pedro Gil le contemplait en silence. Sa tête travaillait. On voyait qu'une grande résolution était sur le point de naître en lui.

— Esteban, prononça-t-il avec une certaine hésitation, avez-vous cinq minutes à me donner ?

— Pourquoi m'appelez vous Esteban ? demanda le duc, sans faire paraître aucune colère.

— J'ai tort, répondit Pedro Gil ; c'était sans

intention, je m'en excuse... Monseigneur peut-il m'accorder cinq minutes ?

Le duc regarda le cadran de la pendule.

— Cinq minutes, juste, répondit-il ; j'ai bien des choses à faire ce matin...

Pedro Gil se recueillit.

— J'ai mis douze ans, dit-il, après un court silence, à devenir oidor second de l'audience de Séville... J'ai vendu mon âme au démon et j'ai risqué ma vie... Je ne suis pas riche, bien que j'aie volé effrontément... j'ai une fille, et chaque fois que j'entame une partie nouvelle, je sens que je joue ma fille... j'aime ma fille comme certaines gens aiment leur honneur ou leur conscience... ma fille est belle comme les anges blonds qui sourient dans les toiles de Murillo... elle a un nom d'archange : Gabrielle... Je vais, je viens, je travaille, je m'efforce, je sers dix maîtres à la fois, je me dévoue, je trahis, tout cela c'est pour ma famille... Je vous le dis franchement, seigneur : je n'ai point encore eu de maître pareil à vous ; or, si j'estimais mon maître, je lui serais fidèle...

— Et tu veux essayer de moi, ami Pedro ?

— A une condition, oui.

— Peste ! des conditions ! Traitons-nous de puissance à puissance ? un duc et un auditeur !

— Un auditeur qui a fait le duc, prononça Pedro Gil à voix basse.

— Et qui ne pourrait plus le défaire !

— Souhaitons, seigneur, que l'auditeur n'ait pas à l'essayer... je vais retourner toutes mes cartes devant vous : je sers le comte-duc, je sers Bernard de Zuniga, et je sers don Juan de Haro, ensemble parfois, parfois séparément, je les sers au besoin les uns contre les autres... je n'ai pas foi en eux... Je crois deviner en vous un vaste esprit et l'audace qui fait les grandes destinées. Si vous voulez, j'abandonne tout le reste et je suis à vous.

— Ta condition ?

— Que vous visiez haut, pour que la place que vous laisserez pour moi au-dessous de vous soit bonne.

— Qu'entends-tu par viser haut ?

— Le duc est mort... bien mort... Avant sa disgrâce, il était l'ami du roi... Le roi est inconstant; un ami oublié depuis quinze ans sera fruit nouveau pour lui... Le comte-duc chancelle... Voulez-vous vous asseoir à la place du comte-duc ?

Le bon duc sourit et caressa sa barbe d'un air content.

— J'avais peur que tu me proposasses un tour à la Bragance, dit-il négligemment : détrôner le Philippe, fonder une dynastie, avec tes grands mots « viser haut... » Mais s'il ne s'agit que de jeter à bas cet hypocrite ministre, c'est chose entendue. Manifestement, la cour est trop petite pour nous contenir tous deux. Tu viens trop tard : la poudre est inventée, ami Pedro !

L'oïdor s'inclina. Désormais son humilié n'était plus feinte.

— N'est-ce pas beaucoup déjà, murmura-t-il, que mon pauvre esprit se soit rencontré avec la haute intelligence de Votre Grâce ?

— Si fait, répliqua bonnement le Medina; si tu veux être un joyeux convive, je ne refuse pas de t'inviter au banquet. J'ai veillé cette nuit, j'ai médité, j'ai rêvé pour la première fois de ma vie... Merci Dieu ! je crois que je suis poète, tant j'ai eu de merveilleuses idées ! Le hasard m'a conduit ici par la main ; c'est que le hasard est un gai luron... Il veut rire, nous rirons tant qu'il lui plaira, j'en réponds !... Cette cour est une mascarade ; j'y veux des gaillards qui sachent y mener le carnaval... N'est-ce pas pitié de voir ce Guzman noyer si tristement la monarchie ?... C'était du moins dans un tonneau de malvoisie que Clarence voulait perdre plante... Va-t'en et fais ce qu'on t'a dit : Je veux Escaramujo, Mazapan et Maravedi... et pendant que je suis en train de monter ma maison, je nomme ta fille suivante première de doña Isabel de Perez Guzman, ma fille...

— Ma reconnaissance envers Votre Grâce ne peut m'empêcher de lui faire observer...

— Ton observation m'ennuie d'avance... Va, et fais dire en chemin à madame la duchesse que je désire l'entretenir sur le champ.

Pedro salua et sortit. Quand il out exécuté la commission de Sa Grâce, il reprit le chemin de sa maison. En route il se disait :

— Il faudra jouer pair ou non pour savoir si je serai avec cet audacieux drôle contre mes anciens patrons ou avec mes anciens patrons contre cet audacieux drôle !

X

TRASPODLO CHEZ LE ROI

Ce Pedro Gil était parfaitement un Espagnol de ce temps-là, laissant passer à chaque instant le bout d'oreille du maraud sous sa perruque magistrale, et n'ayant même plus assez de vaillance pour soutenir le mensonge de son emphase castillane. Un coquin français serait plus gai, un coquin anglais plus lugubre ; mais je ne sais point de nation réputée productive en ce genre qui pût fournir un coquin plus coquin.

Il allait nageant dans ces eaux troublées jusqu'à n'être plus qu'une fange ; il se baignait à plaisir dans un océan d'intrigues plus ou moins honteuses. Peut-être voyait-il clair à se diriger dans le labyrinthe de ses propres fourberies, peut-être jetait-il ses plombs un peu au hasard.

Pour ces pêches en eau trouble, l'art, c'est l'activité ; donnez le plus de coups de filets possible, et vous aurez résolu le problème.

Quand, pour employer ses propres expressions, Pedro Gil avait retourné ses cartes devant le bon duc, il en avait volontairement filé quelques-unes. Pedro Gil ne servait pas seulement le comte-duc, Bernard de Zuniga et le comte de Palomas, il servait aussi le Carpentier d'Aulnet, agent prétendu ou véritable de la France ; il servait encore Abraham Coppen, envoyé secret de la Hollande, le juif Dagosta, émissaire du Bragance, et milord Dawes, comme se faisait appeler en Espagne le bon Nicolas Dawes, espion entretenu par ce chevaleresque Buckingham.

Probablement Pedro Gil ne s'en tenait pas là. Il était homme à servir l'Europe entière, outre le roi don Philippe, qu'il servait fidèlement aussi, nous le savons bien, en qualité d'oidor second de l'audience andalouse.

C'était un effréné serviteur.

Qui trop embrasse mal étreint, dit le proverbe. Mais le proverbe dit aussi qu'il ne faut point mettre tous ses œufs dans le même panier. Le proverbe est comme la loi anglaise, qui chante le pour et le contre avec une gravité imperturbable. Pedro Gil avait des œufs dans tous les paniers, il courait cent lièvres à la fois. Il travaillait, cet oidor, plus qu'une demi-douzaine de forçats aux présides !

Il était ambitieux vaguement ; ce sont les ambitions les plus dangereuses. Son but était en quelque sorte élastique : il convoitait le moins et le plus. Il était cupide ; il n'avait absolument rien qui pût le retenir : aucun principe, aucune pitié.

Nous avons vu que sa rancune contre Medina-Celi, sa rancune de valet congédié, l'avait porté tout froidement au guet-apens. Cela s'était fait en lui sans effort ni secousse. S'il avait eu jadis une conscience, c'était du plus loin qu'il pût se souvenir.

La vengeance ici, du reste, avait servi un de ses plans. Il n'eût pas tenté l'aventure pour se venger seulement. La vengeance est une passion : à proprement parler, Pedro Gil n'avait point de passions.

Il n'avait même pas de vices. Son malfaisant labeur avait lieu sans excuse ni prétexte. Il était cet ouvrier fatal qui pullule aux heures de la décadence comme les sauterelles d'Egypte. Son travail était celui de l'insecte nuisible.

L'amour n'avait point armé son bras ivre. Il défiait l'amour et se riait des femmes. Il était sobre, économe, la vie de famille l'attirait.

Il aimait sa fille. C'était la seule fibre humaine qui fût en lui ; c'était aussi le seul côté par où l'excès put entrer dans sa nature. Pour son intérêt, il était froidement impitoyable : par sa fille et pour sa fille, il aurait pu devenir cruel.

Pedro Gil possédait du reste à un fort haut degré cette bonne opinion de soi-même, qui est le fond du caractère espagnol. Il ne s'effrayait point de la brouille qui se mettait parfois dans l'écheveau de ses intrigues. Il prétendait tricher sans cesse impunément à ce jeu de colin-maillard dont l'extravagant tourbillon entraîna alors la cour de Philippe IV.

Dix heures du matin sonnaient à l'horloge Saint-Ildefonse comme il traversait la place de Jérusalem, en sortant de la maison de Pilate. Il allait d'un air préoccupé. Sa tête travaillait, se disant :

— Pourquoi non ? L'autre est dans la terre. C'est déjà bien que ma Gabrielle soit fille d'honneur de Medina-Celi... on aura beau faire, ce sera toujours le premier nom de l'Espagne !... Celui-ci a plus d'énergie dans son petit doigt que les

11.

autres en toute leur personne. Il me devra davantage, puisqu'il sera parti de plus bas... Si l'oidor Pedro Gil allait être nommé un beau matin président de l'audience de Séville !

Il se frotta les mains en spéculateur qui vient de trouver un filon d'or dans sa tête.

— Serviteur au seigneur Pedro Gil ! dit une voix près de lui.

Notre ami maître Galfaros, entrepreneur des Delicias du Sépulcre, marchait à ses côtés, chapeau bas.

— Quelles nouvelles ? demanda l'oidor.

— Mon rapport de cette nuit est déjà chez Votre Seigneurie, répondit Galfaros ; mais depuis cette nuit, il s'est passé quelques petites choses... Ce peuple de Séville est de méchante humeur... Il y a plus de cinq cents majos, à l'heure qu'il est sur la place du palais...

— Bah ! fit Pedro, que les gardiens fassent seulement claquer leurs fouets...

— Si votre seigneurie savait ce dont il s'agit... Avec les Espagnols, voyez-vous, et surtout avec nous autres, bonnes gens de l'Andalousie, il n'est pas prudent de passer certaines bornes... Par les plaies saintes ! nous ne sommes pas en Turquie pour avoir des esclaves... Et encore les Turcs infidèles, que Dieu maudisse, ne se font pas porter en chaise par des jeunes filles.

— Et qui donc se fait porter en chaise par des jeunes filles, maître Galfaros ?

— Le comte-duc, seigneur Pedro Gil.

— Qui a vu cela ?

— M'est-il permis de parler franchement ?

— Sans doute, quand je vous interroge.

— Alors je le dirai pour le bien de l'État... c'est moi qui l'ai vu, seigneur.

Pedro Gil haussa les épaules. Maître Galfaros, piqué au fer, dit avec vivacité :

— Si Votre Seigneurie ne me croit pas, qu'elle interroge...

Il s'interrompit et baissa les yeux.

— Que j'interroge qui ? demanda l'oidor avec impatience.

Le maître des Delicias se mordait les lèvres, affectant un grand regret de son imprudence.

— Seigneur oidor... commença-t-il d'un air embarrassé.

— Parle, Galfaros, ou prends garde à toi ! s'écria Pedro Gil.

— Du moment que Votre Seigneurie l'ordonne... J'aurais préféré me taire... mais mon obéissance...

— Parle donc, misérable !

— J'allais dire... et je compte bien sur l'indulgence de Votre Seigneurie, car j'aurais eu bouche close sans votre commandement exprès... j'allais dire : Interrogez la senora Gabrielle, votre fille.

— Ma fille a vu ?...

— Elle a fait mieux.

— Que veux-tu dire ?

— Ce que j'ai pu voir de mes propres yeux, seigneur... Votre fille a porté la chaise de Sa Grâce.

Pedro Gil devint tout blême. L'orgueil espagnol est une maladie si incurable que l'infamie elle-même ne peut la guérir.

— Ma fille, répéta Pedro Gil, attelée comme

une mule à la litière du parvenu !... Par toutes les épreuves de la Passion ! cet homme est fou, et il payera cher sa folie !...

— Vous parlez de Sa Grâce, n'est-ce pas, seigneur ? fit Galfaros qui se rapprocha.

— Ma fille ! la fille d'un oïdor !... Sur ma foi ! j'étais indécis...

— Il y a donc quelque chose en train ? demanda curieusement Galfaros.

A son tour, Pedro se mordit la lèvre.

— Quelque chose en train ? répéta-t-il en tâchant de paraître calme.

— Je ne sais pas, moi, répondit le maître des Delicias, tout le monde en parle.

— De quoi ?

— De la conspiration... M'est avis qu'une conspiration dont tout le monde parle...

— Évidemment, maître Galfaros, évidemment ! interrompit l'oïdor d'un ton glacial, vous êtes un homme sage... Qui peut conspirer contre le trône de Philippe le Grand, sinon quelques insensés abandonnés de Dieu ? Quelle était, s'il vous plaît, l'autre jeune fille ?

— La fille du Maragut, votre voisin.

— Aïdda la belle ?...

— Elle faisait la paire avec Gabrielle la jolie.

Pedro Gil réfléchissait.

— Maître Galfaros, dit-il brusquement après quelques secondes de silence, vous êtes un loyal et fidèle sujet du roi. Voulez-vous que je vous confie mon sentiment ?... Son Excellence a voulu se divertir... il s'agit de quelque innocente gageure, et ma fille va m'expliquer cela tout au mieux, dès mon retour à la maison... C'est votre établissement qu'il faut surveiller... ouvrez les yeux et les oreilles... et, croyez-moi, ne vous occupez jamais de ce qui ne vous regarde pas !

Il tourna le dos, laissant le cabaretier tout déconcerté.

Galfaros rentra chez lui d'humeur détestable, parce qu'il craignait d'avoir mécontenté le pouvoir. Il querella sa femme, invectiva ses servantes, et mit à la porte deux marmitons qui chuchotaient entre eux dans la cuisine.

Ces deux marmitons pouvaient parler politique.

Pedro Gil longeait à grands pas la rue de l'Infante. A la porte de sa maison, il trouva trois ou quatre familiers, une demi-douzaine de petits bourgeois du quartier, et maître Cubrepan, le forgeron, en compagnie de maître Nogada, propriétaire de l'hôtellerie de Saint-Jean-Baptiste.

Tout ce monde l'attendait. En sa qualité d'oidor second, le seigneur Pedro Gil était chargé de la police de la cité. Or, dans les villes que nous pourrions appeler politiques, comme Madrid, Séville, Valladolid, Barcelonne, cet emploi était loin de passer pour une sinécure, sous le règne des successeurs de Charles-Quint. Le nombre des employés officiels de la police, sans parler même de ceux qu'enrégimentait l'inquisition, était fort considérable. Quiconque voudrait maintenant énumérer les pelotons de cette armée serait, à coup sûr, taxé d'exagération. Et cependant cette armée n'était que le squelette osseux de cet énorme corps, aussi gras qu'il était grand, et dont l'obésité majestueuse faisait la gloire des Espagnes.

En dehors des officiers et soldats de la justice proprement dite, une innombrable quantité d'affiliés avoués mettaient de la chair sur les os du colosse. En dehors des affiliés avoués, une troisième couche, plus épaisse, s'agglomérait : les espions bénévoles, les observateurs de fantaisie, les dénonciateurs d'occasion.

Des écrivains l'ont dit : la police espagnole, au dix-septième siècle, c'était presque tout le monde, grands et petits, riches et pauvres, nobles et vilains.

La péninsule entière, espionnante, espionnée, se battait à coups de délations. Aviez-vous un ennemi ? ce n'était plus la peine de le poignarder ou de l'empoisonner : il suffisait de le dénoncer, cela valait le meilleur couteau catalan ou la plus haute dose d'*aqua del milagro*. Seulement il fallait se hâter, de peur d'être prévenu.

Et bien souvent, sur ce terrain, comme les deux adversaires se rencontraient, il y avait coup fourré. C'était double aubaine pour la confrérie, qui taillait, qui dévorait, qui rongeait tout le gibier jusqu'à l'os.

Et parmi les hontes de cette décadence inouïe, le langage fanfaron de Lope et de Calderon florissait. Vous eussiez dit, à entendre les poètes, que l'Espagne n'avait qu'un Dieu : l'honneur.

Mais regardez de près l'honneur des comédies espagnoles, et vous verrez que c'est une idole de convention, fabriquée à plaisir, et dont l'or faux ne tient pas. C'est un dieu de bois que cet honneur trop féroce. — Et puis le Gascon n'a-t-il pas toujours à la bouche le mot franchise ?

On chantait l'honneur. Les guitares râclaient l'amour sous les balcons ; les taureaux tombaient dans l'arène ; Philippe était surnommé grand.

Les familiers, les petits marchands, le forgeron et l'hôtelier s'élancèrent tous à la fois vers le seigneur Pedro Gil et l'entourèrent avec toutes les marques d'un profond respect.

— J'attendais Votre Seigneurie fort impatiemment, commença le mercier du coin.

— J'aurais été chercher Votre Seigneurie au bout du monde ! interrompit le tanneur d'en face.

Un familier dit en roulant les yeux :

— Il y a des choses importantes !

Un autre :

— Que Dieu protége l'Espagne ! Veuillez m'écouter un instant en particulier.

— Seigneur oidor, cria maitre Cubrepan, vous allez voir si je suis un homme utile !

— Tout est découvert, glissa maitre Nogada, qui était parvenu à mettre sa large bouche au niveau de l'oreille droite de l'oidor.

— A moi, s'il vous plait, seigneur Pedro Gil !

— Ce que j'apporte intéresse l'Etat !

— Il s'agit du comte-duc !

— Il s'agit du roi !

— Il s'agit de votre fille ! murmura l'hôtelier Nogada. Et Cubrepan à l'autre oreille :

— Il s'agit de vous !

L'oidor continuait son chemin d'un air superbe. Il repoussait à droite et à gauche le flot de ces zélés observateurs. Sa tête était haute, son geste fier.

— Au bureau, disait-il, au bureau... Je reçois

les avis divers au bureau... Ne voyez-vous pas que je suis harassé de fatigue ?... Je me suis levé avant le soleil et je n'ai pas cessé depuis lors de m'occuper des affaires publiques... Qu'on ait pitié de moi... mon corps n'est pas de fer !

— A bon entendeur salut ! fit l'aubergiste qui était un petit homme sémillant et satisfait de lui-même. Ceux qui viennent déranger Sa Seigneurie pour les cancans du quartier...

— Ceux qui n'ont dans leur sac que de mauvais propos et des médisances, ajouta Oubrepan, gros homme taillé en cyclope et bronzé par la poussière du charbon.

Mais tout le monde était du même avis. Toutes les voix s'élevèrent en chœur, abondant dans le même sens et criant :

— C'est certain !... Ceux-là devraient avoir honte et se retirer au plus vite !

Personne n'eut honte, car personne ne se retira Chacun fit effort, au contraire, pour se rapprocher, et l'oidor dut interrompre sa marche, pressé qu'il était de tous côtés.

— Je sais le nom de l'homme masqué, lui dit un familier à la volée, l'homme qui distribue l'argent de France...

— Combien donneriez-vous, lui demanda le mercier, pour connaître par le menu un grand complot de l'Angleterre contre le premier ministre ?

— L'hôtelier est un traître ! fit le forgeron à l'oreille droite.

A l'oreille gauche, l'hôtelier :

— Le forgeron vous trompe indignement !

— Un mot seulement, seigneur oïdor!

— Seigneur oïdor, si vous refusez de m'entendre, vous vous en repentirez toute votre vie.

Pedro Gil était arrivé au seuil de la cour. Il repoussa rudement maitre Oubrepan, dont le doigt révélateur lui montrait la corde de soie encore tendue d'un balcon à l'autre.

— Arrière! fit-il en enflant sa voix. Le roi possède en vous de bons serviteurs et cela me fait excuser jusqu'à un certain point l'importunité de votre zèle... A qui pensez-vous parler, voisins? Qu'espérez-vous m'apprendre?... C'est un mince titre que celui d'oïdor second, et c'est le mien... Mais qu'importe le titre, s'il soit changer demain? Il est naturel, n'est-ce pas, de monter quand on a le pied à l'échelle. Mes amis auront sujets d'être contents... Si j'ai des ennemis, qu'ils prennent garde!

Un grand chuchotement suivit ce discours mystique, prononcé avec toute l'emphase désirable.

Peste! c'était pourtant déjà une belle place que celle d'oïdor second; mais chacun s'avouait que le Seigneur Pedro Gil était fait pour de plus hautes destinées. Quelque chose en lui disait que la faveur planait sur sa tête comme une auréole. Quel devait être son lot? Conseiller, peut être procureur du saint-office, peut-être inspecteur de la confrérie...

— Des ennemis, vous! seigneur Pedro Gil?

— Dans votre propre quartier!

— Qu'ils soufflent et nous les étranglons avant de les trainer au Guadalquivir!

L'oïdor imposa silence d'un geste à cet enthousiasme bruyant.

— Au bureau, dit-il, mon devoir est d'écouter vos rapports, et je n'ai pour vous que des sentiments de bienveillance... Me reprochez-vous les quelques minutes que je vais donner à un repas léger et frugal ?

— Il y eut une protestation unanime.

— Entrez chez votre humble valet, seigneur, dit Nogada, ce sera pour lui un grand honneur que de vous servir à déjeuner... Votre fille, ajouta-t-il tout bas, n'est pas à la maison.

Pedro le regarda de travers, et comme il vit des œillades s'échanger dans la foule, il drapa son manteau avec une fierté nouvelle.

— L'homme qui veut percer les nuages du ciel est un fou, reprit-il ; parmi les animaux, l'aigle seul peut regarder le soleil en face... Es-tu donc un aigle, ami Nogada !

Nogada resta seul sérieux au milieu des rires qui éclatèrent de toutes parts.

— Et vous tous, continua Pedro Gil, êtes-vous des aigles ?... Prétendez-vous percer des mystères qui sont au-dessus de votre portée ?... Je vous écouterai, c'est ma charge, mais ne montrez pas tant de hâte et modérez l'orgueil de vos découvertes, car tout ce que vous savez, je le sais...

Il y eut un murmure.

— Je le sais avant vous, poursuivit l'oïdor en élevant la voix ; je le sais mieux que vous... et prenez garde ! nous vivons dans un temps où le hasard peut mettre dans des mains vulgaires une partie des secrets de l'État... L'État n'aime pas cela. Je vous le répète : prenez garde !

— Oh ! Oh ! fit maître Cubrepan, qui avait le sang chaud, je n'ai pas besoin des secrets de l'État pour ferrer mes mules... Cette corde qui pend là-haut est-elle un secret d'État, seigneur oidor ?

— L'État, appuya Nogada aigrement, apporte-t-il des corps morts dans le repaire du sorcier Moghrab ?

— Est-ce l'État, ce beau cavalier qui a sauté d'un balcon sur l'autre, comme un oiseau, pour aller joindre deux jolies fillettes que je pourrais nommer ?

— Est-ce l'État qui marchande le poignard du gracioso Cuchillo ?...

— Et si vous savez tout avant nous, mieux que nous, devinez qui vous attend en votre logis, seigneur Pedro Gil ?

— Et devinez qui ne vous attend pas ?

— L'homme qui m'attend, répondit gravement l'oidor, vient de chez le roi ; celle qui ne m'attend pas, doña Gabriella, ma fille, sera l'honneur de ma maison, car elle a rendu ce matin à l'Espagne un signalé service.

— Il y avait donc un corps saint dans cette chaise demanda ironiquement Cubrepan.

— Et les tabliers de boucher passent donc le seuil de la chambre royale ? ajouta Nogada, qui cligna de l'œil en provoquant l'approbation de l'assemblée.

— Mes enfants, prononça Pedro Gil avec un dédain croissant, cette corde de soie fera la fortune de ma maison, et Trasdoblo le boucher mourra peut-être grand d'Espagne !

Les bonnes gens se regardaient en souriant, car l'oidor n'avait pas tout deviné.

— Holà! Diègue Solaz! s'écria-t-il en levant la tête pour que sa voix montât.

Ce nom fit plus d'effet que tout le reste. Il prouvait en effet que l'oidor n'ignorait rien.

Diègue Solaz, l'alguazil premier, parut au balcon du quatrième étage

— Descends! lui ordonna l'oidor.

Pendant que l'alguazil obéissait, Pedro Gil parla bas aux familiers.

Les petits marchands et autres agents de fantaisie commencèrent à perdre de leur assurance.

Maître Cubrepan ôta son large sombrero pour faire la révérence.

Quand Diègue Solaz arriva au bas de l'escalier l'oidor lui dit :

— Mets le bâillon à ces deux-là.

— Il montrait l'aubergiste et le forgeron, qui poussèrent aussitôt les hauts cris.

Mais les hommes de Solaz, joints aux familiers, eurent raison d'eux en un clin d'œil. Le mercier, le tanneur et les autres voisins donnèrent, du reste, un coup de main à l'alguazil. Entre gens du même quartier, en Espagne, on se rend volontiers de ces petits services : cela consacre les relations de bon voisinage.

— A la prison neuve ! dit l'oidor, et au secret !

— Ils en savaient trop long ! chuchota le mercier.

— On les avait avertis ! fit observer le tourneur.

Et les autres :

— Voilà longtemps qu'on n'avait arrêté personne dans la rue de l'Infante.

C'était en somme une bonne matinée et le quartier avait de quoi causer.

La foule s'écoula, cherchant le mot de cette multiple énigme. Pedro Gil, en montant les marches de son escalier, se disait :

— Le moindre vent fait tourner la Giralda ; que faudrait-il pour changer tous ces moutons en loups ?

A la bonne heure ! s'écria-t-il en passant le seuil de son logis, voici un brave et honnête garçon, fidèle au rendez vous... Touche là, Trasdoblo ! As-tu fait ta besogne ?

Vous eussiez regardé à deux fois ce Trasdoblo herculéen avant de le reconnaitre. Il était aminci, aplati, assoupli, dompté comme un lingot qui a passé au laminoir. Ses belles couleurs avaient disparu, ainsi que la confiante hardiesse de son regard. Sa taille était voutée, ses mains maladroites et inquiètes ne savaient où se prendre. Il tremblait la fièvre, et sa voix chevrotait dans sa gorge embarrassée.

Il avait vieilli de dix ans, il avait perdu cent pour cent, il faisait pitié, comme un condamné ou comme un mourant.

En vérité, Trasdoblo n'était point changé ainsi le lendemain du jour où il avait arrangé ses affaires de famille avec son beau-frère, le pauvre Bertram Salda, le peaussier de la rue de l'Amour-de-Dieu. Il y a meurtre. Il parait qu'entre proches cela fait moins d'effet chez les gens de cette espèce.

Ou peut-être les meurtres qui ne réussissent pas pèsent-ils davantage sur la conscience des scélérats.

Ou peut-être, enfin, ce bon Trasdoblo était-il malade tout uniment, malade de la peur qu'il avait eue.

Les employés de la forteresse l'avaient trouvé caché dans le cuir de son bœuf. C'était peu. Il eût assurément, au besoin, creusé la terre avec ses ongles pour s'y enfouir. Il avait eu peur jusqu'à l'agonie et jusqu'au délire. La vue d'une épée dans la main de Medina-Celi l'avait foudroyé.

Il était debout au milieu de la chambre où naguère nous avons vu rassemblées Gabrielle et Aïdda.

Il fixa sur l'oidor, qui entrait, son œil hagard et morne.

— J'ai fait tout ce que m'a commandé votre seigneurerie, dit Trasdoblo ; j'ai été chez le roi... Ah ! je ne me serais jamais cru capable de cela, Seigneur Dieu !

— L'appétit vient en mangeant. Trasdoblo, mon ami, répliqua l'oidor : nous en verrons bien d'autres.

Pedro Gil était de la nature de ces gens que la détresse d'autrui met en belle humeur. Il se jeta dans un fauteuil, tandis que le colosse déchu grondait entre ses dents :

— Non... non... je n'ai plus qu'un désir, seigneur, c'est d'aller loin, bien loin d'ici... Le pavé de Séville me brûle les pieds désormais.

— Tu renoncerais à la récompense promise ?...

— Je renonce à tout, seigneur oidor !... j'ai sur la poitrine un poids qui m'étouffe...

— Le remords, toi, Trasdoblo?

Le géant poussa un soupir de bœuf qu'on égorge. La veille au soir, il avait subi, de la part de Pedro Gil, un premier et minutieux interrogatoire. Comme la menace du bûcher restait suspendue sur sa tête, il avait effrontément déclaré que le bon duc était mort et bien mort. Il avait même donné sur le massacre des détails très précis d'une horrible vraisemblance.

Pedro Gil, qui trompait tout le monde, était trompé à son tour par cet inerte et aveugle instrument.

— Voyons, dit-il, raconte-moi les faits et les gestes... et n'essaye pas de biaiser... Tu sais qu'on ne me donne pas le change à moi... A quelle heure es-tu entré au palais?

— A sept heures, et le cœur me battait, j'en réponds... Il me semblait qu'on voyait écrit sur mon front : Il a coupé la tête d'un grand d'Espagne!... Ah! les remords sont lourds à porter... Les portes du palais s'ouvraient seulement et l'on était en train de lâcher les eaux dans les cours. Le premier valet qui m'a vu a voulu me mettre dehors, mais j'ai suivi de point en point les conseils de votre seigneurie. J'ai demandé maître Ordonez, concierge de la cour de la Foi... Maître Ordonez m'a fait parvenir, pour l'amour de vous, jusqu'au chambrier du majordome premier, qui a exigé de de moi cinq onces, et je suis parvenu dans la galerie des Lions... Saint-Antoine! les armoiries du bon duc sont là. J'ai eu comme un vertige. J'entendais un concert de voix qui m'appelaient coupeur de têtes.

Ici, Trasdoblo étancha la sueur abondante qui ruisselait de ses tempes. On dit que la frayeur donne des ailes ; peut-être aussi peut-elle donner de l'éloquence et de l'esprit. Chaque fois, en effet, qu'il revenait à ce meurtre qu'il n'avait point commis, sa voix tremblait et prenait un irrésistible accent de terreur.

C'était bien la conscience de l'assassin qui parlait.

— Mais, reprit-il, les ordres de votre seigneurie me traversaient l'esprit et je me roidissais, car il fallait obéir. Après deux grandes heures de marche dans les corridors, dans les galeries, dans les salles et partout, je suis arrivé jusqu'au chambrier troisième de Sa Majesté. L'alcazar est grand, il coûte cher d'y voyager. Quarante onces manquaient dans ma pauvre bourse quand je suis arrivé à l'antichambre du roi.

— Est-ce toi qui veut pénétrer auprès de Sa Majesté ? m'a dit le seigneur chambrier en me toisant avec mépris ; tu as odeur de sang.

Pour le coup, j'ai vu ma dernière heure arrivée. Je ne songeais plus qu'à l'abattoir. Il me semblait que tout le sang de l'univers était dans la cour de la forteresse d'Alcala. Bonté du ciel! la terre en a bu du sang!...

Le chambellan a repris :

— L'or seul n'a pas d'odeur... donne dix onces, et déclare ce que tu viens demander au roi.

J'ai compté les dix onces. O mes pauvres économies ! J'ai dit : Je viens pour la fourniture, et si je l'obtiens, monseigneur sera content de moi.

On m'a fouillé. On m'a ôté jusqu'à mon couteau

de poche et jusqu'à mes épingles, afin que le roi n'eût rien à craindre de moi... Saint-Jacques! on m'a laissé mes poignets, et qu'y a-t-il de plus aisé que d'étrangler un homme?...

Une porte s'est ouverte. J'ai vu un seigneur avec une veste de bazin. Ce seigneur donnait la becquée à trois perroquets de diverses couleurs qui répétaient tous les trois le bec plein :

— Philippe est grand! Philippe est grand!...

C'était le roi. Nous avons eu peur l'un de l'autre au premier moment. Les perroquets ont battu de l'aile, et l'un d'eux m'a montré sa langue difforme.

— Que me veut ce rustre? a demandé Philippe IV (Dieu le conserve!) en reculant de deux ou trois pas.

— Votre Majesté ne doit rien craindre, a répondu le chambrier courbé en deux; c'est un secret d'État qu'on lui apporte.

Le coquin ne croyait pas si bien dire.

Le roi a répondu :

— Almanzor refuse la pâtée... je crois qu'on met trop de cœur de mouton... veillez à cela, c'est votre charge... Voyez Asdrubal, comme ses plumes tombent!... Il faut qu'on m'ait jeté un sort!

Puis, s'adressant à moi :

— Parle, homme, et dépêche! tu vois que je n'ai pas le temps.

Je me figurais le roi autrement. Je ne puis dire pourtant que ce ne soit un beau prince.

Il a les mains plus blanches que du lait et des bagues à tous les doigts.

— Grand sire, ai-je dit de mon mieux, je ne puis parler en présence de témoins.

Le roi a fait la grimace ; et je l'ai entendu qui grommelait :

— Il est peut-être soudoyé par le cardinal... ou par l'Anglais... ou par le Bragance...

Les trois perroquets s'accoutumaient à ma physionomie. Almanzor, malgré le faible état de sa santé, a dit le premier :

— Philippe est grand !

Les deux autres ont aussitôt répondu :

— Il est grand, Philippe ! il est grand !

— Voici les échos de l'univers entier ! a murmuré le chambrier troisième.

Et le roi :

— S'il veut me parler seul à seul, qu'on lui mette les menottes.

Il paraît que c'est d'étiquette. Le chambrier en avait dans sa poche. Il me les passa, non sans habileté, en homme qui pratique souvent. Quand cela fut fait, le roi lui dit :

— Va-t'en... et n'oublie pas pour la pâtée.

Nous étions seuls, Philippe d'Espagne, moi et les trois perroquets.

Je me suis prosterné aux genoux du roi et je lui ai dit :

— Majesté, je viens vous apporter ma tête.

— Et que veux-tu que j'en fasse, imbécile ? m'a répondu Philippe avec mauvaise humeur.

Il attendait mieux. Je ne me suis pas déconcerté ; j'ai mis mon front sur les dalles et j'ai poursuivi :

— Majesté, je suis cause que votre plus grand ennemi a recouvré la liberté.

— Est-ce que ce pataud va me parler en paraboles ? s'est écrié le roi. — Mes plus grands ennemis ne sont pas en prison... Que j'y tienne seulement Buckingham, Richelieu et don Juan de Portugal, tu verras si je les laisse échapper !... Explique-toi, et vite !

Je cherchais à me rappeler vos instructions, seigneur Pedro Gil, et la fable que vous avez inventée, fable qui se greffe sur la vérité, de telle sorte que, sauf l'évasion du Medina-Celi qui est mort et bien mort, j'en fais serment sur mon salut ; tout le reste est vrai comme Évangile.

Depuis quinze minutes, Pedro Gil s'était assis devant une table et classait des papiers qu'il avait tirés de sa poche. C'était, selon toute apparence, la série des rapports de police reçus ce matin même, car leur contenu lui arrachait tantôt un geste, tantôt une exclamation.

Il écoutait cependant, car son regard défiant se releva sur le boucher.

— Voilà déjà bien des fois que tu me fais ce serment superflu ! murmura-t-il.

Et comme Trasdoblo, pris à l'improviste, changeait de visage, l'oidor, fronçant le sourcil, ajouta entre haut et bas :

— Il faudra que tu me mènes à l'endroit où tu as enterré le cadavre de Medina-Celi.

— Certes, certes, seigneur, fit le boucher, qui essaya de sourire ; mais comment reconnaître un corps sans tête et bien tristement mutilé ? Je vous l'ai dit, et vous m'avez approuvé ; nous avons pris nos précautions précisément pour que le corps du bon duc fut méconnaissable...

— Tu me le montreras, prononça Pedro Gil

d'un ton sec, j'ai mes moyens à moi pour reconnaître les gens... Continue... Jusqu'à présent, je suis content de toi.

— Eh bien ! reprit le colosse, il fallut contenter le roi. Je prononçai le nom du bon duc, et j'expliquai comme quoi j'avais essayé, moi septième, de m'opposer à son évasion. Je lui répétai le récit que je vous fis hier soir à vous-même, n'omettant aucune des péripéties de la bataille, et remplaçant seulement le coup de couteau, qui fut le vrai dénouement, par l'évasion, qui est un mensonge.

Pedro Gil releva encore une fois les yeux sur lui. Son regard était si perçant que les paupières du boucher se baissèrent.

Pedro Gil parcourait en ce moment un rapport signé du nom de Diègue Solaz, alguazil premier au service de la confrérie. Ce rapport lui rendait compte de ce qui s'était passé, la veille au soir, sur la place de Jérusalem, un peu avant la fin du salut, à savoir : l'émeute des gueux devant le perron de Saint Ildefonso, l'arrivée de Saint-Esteban, les entraves que le président de l'audience de Séville et le commandant des gardes avaient mise à son arrestation.

Pedro Gil ignorait ces événements, ayant passé la soirée de la veille à Alcala de Guadaira.

Il laissa tomber sa tête entre ses mains et se prit à réfléchir profondément.

Les fils déjà si embrouillés de l'intrigue se mêlaient au point de fatiguer et de décourager cette cervelle de calculateur.

Quel était ce nouveau coup de partie tenté par don Balthazar de Alcoy et don Pascual de Haro ?

Et qui jouait le rôle d'Esteban, roi des gueux, pendant que le roi des gueux, Esteban, audacieusement déguisé en duc de Medina-Celi, reprenait possession de la maison de Pilate ?

— Continue, dit Pedro, qui était désormais soucieux.

— Le roi, reprit Trasdoblo, avait cessé de donner la becquée à ses perroquets. Il suivait mon récit avec une attention extraordinaire. Dès le premier moment, j'avais cru m'apercevoir qu'il s'intéressait au bon duc... Mais alors, me demandai-je, pourquoi l'a-t-il retenu pendant quinze ans prisonnier ? Je me répondais : Trasdoblo, ne te romps point la tête... les rois ne se conduisent pas comme les autres hommes... et puis tu n'entends rien à tout cela !

Quand je montrai pour la première fois le bon duc pendu à sa corde et nous autres l'attendant l'épée au poing sous la corniche, Philippe fronça le sourcil et dit :

— Sept contre un !... Par la sainte croix, voilà une honteuse vilenie !

Puis il frappa dans ses mains en voyant échouer la première attaque. La défense du duc, monté sur son tas de dalles lui arracha des cris d'enthousiasme, et quand vint l'épisode de ce coquin de jeune homme qui lança l'épée du haut du mur, il sauta véritablement de joie...

— Le reconnaitrais-tu, ce jeune homme ? demanda ici l'oidor.

— Oui, sur mon salut ! répliqua vivement le boucher, dans cinquante ans comme aujourd'hui, si Dieu me fait la grâce d'arriver à la vieillesse.

Pedro Gil écrivit quelques mots sur ses tablettes, et dit encore :

— Continue.

— Ma foi ! poursuivit Trasdoblo, qui avait reconquis peu à peu son assurance, le reste était bien le plus difficile, mais je crois que je m'en suis tiré comme il faut... Il s'agissait de transformer notre victoire en défaite, et de montrer le duc nous passant sur le corps... Je me suis lancé là-dedans à corps perdu. J'ai dit au roi : « Quand ce démon a eu l'épée à la main, ah ! seigneur Dieu ! quelle débandade ! Il a frappé d'estoc et de taille comme un sourd ! Je n'ai plus rien vu que des bras coupés, des poitrines ouvertes et des têtes fendues... Que pouvais-je faire, Majesté ? »

— Tendre le cou, coquin ! m'a répondu le roi. T'attaquer à mon pauvre Hernan ! Vive Dieu ! si j'avais été là !... J'ai envie de te casser la tête !

Heureusement qu'Almanzor a chanté : « Philippe est grand ! » Le roi, rendu à lui-même, n'a pas voulu souiller ses blanches mains dans mon pauvre sang.

Bien au contraire, il a été généreux : il m'a fait don de quatre onces d'or pour ma peine d'avoir laissé échapper le bon duc ; une once de moins que mon étrenne au valet du majordome ; aussi Asdrubal et Thémistocle (c'est le nom du troisième perroquet) criaient-ils à tue-tête et avec raison : « Il est grand, Philippe ! il est grand !

L'oïdor se frottait les mains tout doucement. Cette partie du récit lui faisait retrouver plante. La visite du boucher à l'Alcazar avait pleinement réussi.

— Est-ce tout ? demanda-t-il.

— A peu près, seigneur, répondit Trasdoblo, rassuré par le contentement qui brillait dans les yeux de son patron ; le roi a caressé ses bêtes, disant qu'il mettrait ses ministres à la tour de Ségovie si on touchait un cheveu du bon duc.

— Bravo ! ne put s'empêcher de crier Pedro Gil.

— Ah çà ! seigneur ! s'écria le boucher à son tour, vous avez l'air presque aussi satisfait que le roi... et quand vous m'avez donné mission contre le Medina-Celi, vous m'avez dit : « C'est pour le service du roi. »

— Est-ce tout ? répéta l'oidor qui haussa les épaules avec dédain.

— A peu près, dit encore Trasdoblo. Mon histoire était finie, j'allais prendre congé lorsque j'ai vu commencer une autre histoire... Mais peu importe à Votre Seigneurie.

— Quelle histoire ?

— Je ne puis vous en dire que le premier mot : le chambrier troisième était en train de m'enlever mes menottes, lorsqu'un de ses confrères a ouvert la porte à haute voix :

— Hussein-le-Noir demande à entretenir Votre Majesté.

Pedro Gil tressaillit et laissa échapper les papiers qu'il tenait à la main.

— Qu'il entre, a répondu le roi ; il va visiter Almanzor...

J'ai vu paraître un grand diable de Maure avec des charbons ardents sous les sourcils. Il s'est avancé roide comme un piquet. Le roi salue comme un enfant maussade qui craint et déteste son maître. « Philippe est grand! » disaient les perroquets; mais il semblait bien petit auprès du mécréant.

Pedro Gil écoutait avec une avidité singulière.

— Après? fit-il, voyant que le boucher se taisait.

— Après?... répéta Trasdoblo. Eh bien! le roi m'a dit : « Va-t'en... » et je l'ai laissé avec son Mauro.

XI

L'ARC D'ULYSSE

— Assieds-toi près de moi, Bel, ma fille, dit la duchesse Eleonor quand se fut éloignée la suivante qui était venue annoncer la visite du bon duc; je ne sais pas si je t'ai dit tout ce qu'il te faudrait savoir... je ne sais pas si je me suis fait comprendre... l'avenir se chargera trop tôt de t'instruire. En ce moment, il est également dangereux de parler et de se taire... Embrasse-moi, Bel, et dis-moi que, quoi qu'il arrive, tu m'aimeras toujours.

— En pouvez-vous douter, ma mère? répondit la jeune fille, qui lui donna son beau front à baiser.

La duchesse l'étreignit entre ses bras avec une sorte de violence. Son émotion grandissait en ce moment d'autant mieux qu'elle essayait de se comprimer.

— Bel, reprit-elle, tu as deviné le grand trouble qui est en moi... La cause de ce trouble t'échappe encore, et pourtant tu es sur la voie... Si tu ne doutes pas encore, déjà tu as peur... Bel, mon enfant bien-aimée, ce sont des circonstances extraordinaires qui nous entourent... Il y a trois jours, nous avions au moins la réalité de l'exil et du malheur... maintenant... oh! maintenant, il me semble qu'un mauvais rêve pèse sur nous... et qui peut dire quelles seront les angoisses du réveil? Je te demande une preuve de ton amour filial, un témoignage de ta reconnaissance, Bel, car depuis quinze ans je t'ai donné tout mon cœur... Ma fille, quoi que tu puisses voir et quoi que tu puisses entendre, crois-en ta mère, et ne la juge pas sur les apparences.

Isabel porta la main de la duchesse jusqu'à ses lèvres. Comme elle ouvrait la bouche pour faire la promesse qu'on lui demandait une voix mâle et sonore éclata dans la galerie voisine.

— Mes enfants, disait-elle, dans ce jour, qui est le plus beau de ma vie, voici l'instant bienheureux par excellence, l'instant où je vais revoir enfin tout ce que j'aime, après cette longue et mortelle séparation.

La main d'Eleonor, froide et convulsive, pressa les doigts de sa fille.

— Avec un mot vous pouvez tout me dire, ma mère, murmura Isabel; au nom de Dieu, qui vous fait souffrir ainsi?

La duchesse pensa tout haut, au lieu de répondre :

— C'est sa voix... sa voix aussi !... que croire ? Sainte Vierge, ayez pitié de nous !

Hernan de Medina-Celi franchit le seuil à ce moment. C'est à peine si les yeux voilés de la duchesse le virent; mais Isabel admira franchement la beauté régulière de son visage et sa noble tournure. C'était bien ainsi qu'elle avait rêvé son père, d'après les récits poétiques de la duchesse elle-même.

Il referma la porte aussitôt qu'il fut entré, et traversa la chambre d'un pas empressé. Ses deux bras s'ouvrirent. Il parut hésiter un instant entre la mère et la fille.

— Toutes deux, prononça-t-il enfin d'une voix qui tremblait, toutes deux ensemble sur mon cœur !

La duchesse fit un mouvement comme pour s'élancer. Tout son sang rougit son visage. Ses bras s'ouvrirent d'instinct, mais ils retombèrent. La pâleur revint plus mate à ses joues. Elle resta immobile sur son siège.

Ce fut Isabel seulement qui répondit à l'appel de son père. Le bon duc l'embrassa tendrement, puis il l'éloigna de lui afin de la contempler à son aise.

— Vous êtes belle, ma fille, murmura-t-il comme s'il eût fait effort pour contenir son attendrissement; on me l'avait dit, mais parfois on flatte l'amour des parents, si facile à tromper... Vous êtes comme était votre mère au temps heureux de nos chères amours.

Un sanglot souleva la poitrine de la duchesse.

— Pourquoi pleurez-vous, madame? demanda Medina-Celi, et pourquoi n'êtes-vous pas encore dans mes bras?

Ceci fut prononcé d'un ton doux, avec un mélancolique reproche.

Le bon duc avait ses lèvres distraites sur le front de sa fille, et couvrait sa femme d'un regard triste, où il n'y avait point de colère.

Des spasmes faisaient bondir le sein d'Eleonor.

— Mon Dieu! balbutiait-elle, mon Dieu! prenez compassion de moi et faites que je meure!

— Isabel, dit le bon duc, allez vers votre mère... Peut-être l'ai-je offensée sans le vouloir... Elle a été ma meilleure pensée et ma consolation la plus chère pendant les heures de ma captivité... Si je suis coupable envers elle sans l'avoir voulu et sans le savoir, dites-lui, ma fille, que je l'aime et que je sollicite mon pardon.

Isabel obéit, mais la duchesse le prévint en se levant brusquement. Elle fit un pas enfin vers son époux.

— Soyez le bienvenu, seigneur, murmura-t-elle d'une voix brisée. Si je voulais expliquer l'état de mon âme en cet instant, qui devrait être tout à la joie, personne ne me comprendrait et chacun me condamnerait... J'ai souffert longtemps et beaucoup... peut-être n'ai-je pas ce qu'il faut de force pour supporter le bonheur que le ciel nous envoie. Ce mot *bonheur* fut dit avec une amertume profonde. En achevant, Eleonor inclina son visage baigné de larmes.

Le bon duc avait marché à sa rencontre. Il prit

sa main, qu'il effleura modestement de ses lèvres.

— Eleonor, dit-il avec un soupir qui sembla s'échapper malgré lui de son sein, était-ce ainsi que nous devions nous revoir?

Pour un spectateur de cette scène, la conduite de la duchesse eût été assurément inexplicable. Par instants, elle semblait attirée tout à coup invinciblement, puis une répulsion soudaine venait à l'encontre de ce mouvement et restait victorieuse. Elle hésitait entre deux entraînements qui écartelaient son cœur. Quelque doute terrible était en elle, et chaque minute écoulée augmentait sa détresse.

Ce nom d'Eleonor, prononcé à voix basse fit vibrer tout son être. Un sourire naquit sous ses larmes.

— Parlez, fit-elle d'un accent où l'on sentait l'espoir lutter contre la terreur, vous voyez bien que je souffre, seigneur... je donnerais sur le champ la dernière goutte de mon sang pour mon époux, mais...

— Mais... répéta le Medina-Celi qui fronça le sourcil.

— Mon père! s'écria Isabel; seigneur! c'est elle qui m'a appris à vous connaître et à vous aimer... mes souvenirs d'enfance étaient si vagues!... Elle m'a refait une mémoire, et votre image y était si bien gravée, mon père, que je vous ai reconnu tout de suite.

— Dit-elle vrai? demanda le bon duc, qui se tourna vers sa femme d'un air suppliant.

Eleonor baissa la tête.

— Ma mère! fit Isabel implorant à son tour.

Le bon duc attendit un instant la réponse de sa femme. Il fut patient. Le rouge monta au front d'Isabel avant qu'il n'eût froncé le sourcil.

La colère venait cependant ; il sut en contenir les éclats. Sa haute taille se redressa lentement. Une expression de froide ironie fronça ses lèvres.

— Vive Dieu ! dit-il, quel rôle jouons-nous ce matin dans notre maison ? Que s'est-il passé en notre absence ? Hier, sur notre passage, on parlait du retour d'Ulysse, et cela me plaisait, car bien souvent, au fond de mon cachot solitaire, j'avais comparé Eléonor de Tolède, ma femme, à la sage et dévouée Pénélope... Mais Pénélope fut joyeuse et embrassa son époux sous les haillons qui le couvraient.

— Le ciel m'est témoin, s'écria la duchesse en levant un regard passionné vers le portrait suspendu entre les deux fenêtres, que je mettrais mes lèvres dans la poussière du chemin pour baiser la trace des pas de mon Hernan bien-aimé !

Le charmant visage d'Isabel prit une expression de vague effroi. Pour la première fois, elle craignait de comprendre.

— Puis-je réclamer l'explication de l'énigme contenue dans les paroles de madame la duchesse ? demanda le Medina-Celi froidement.

Au lieu de répondre, elle prononça tout bas :

— Ulysse fit-il tuer son chien fidèle, la nuit de son arrivée ?

Le duc recula d'un pas et ses yeux brillèrent ; mais, au lieu de s'abandonner à son courroux, il reprit la main d'Eléonor qu'il avait abandonnée.

— Madame, dit-il d'un ton pénétré, moi aussi j'ai souffert beaucoup et longtemps... Me voilà presque un vieillard, moi qui ai quitté cette maison, un jour dans tout l'éclat de ma force, dans toute l'ardeur de ma jeunesse... Je ne veux point céder aux conseils d'une vaine colère... je ne veux point perdre, par une impatience d'enfant, l'espoir qui renaissait après toute une vie de tortures... Il se passe ici quelque chose d'étrange ; un obstacle mystérieux est entre nous, qui nous aimions d'un si tendre amour. J'ai sollicité de vous une explication, vous m'avez fourni une réponse ambiguë qui semble contenir un soupçon ou un outrage ; ceci devant votre fille, que voici, pâle, inquiète et dévorant ses larmes... Certes, ce n'était pas ainsi qu'elle se représentait l'arrivée d'un père. Revenez à vous, madame, je vous en conjure, pour moi d'abord, qui suis prêt à tout pardonner, car mes bras s'ouvrent d'eux-mêmes... pour vous aussi qui êtes une noble et sainte femme, égarée par je ne sais quel chimérique éblouissement... pour cette enfant surtout, pour notre fille chérie qui attend et se demande : Quel crime a commis mon père ?

— Cela est vrai, ma mère, balbutia Isabel.

Eléonor de Tolède cacha son visage entre ses mains. On put l'entendre murmurer :

— Mon Dieu! mon Dieu! je ne peux pas... Je ne sais pas !

Le bon duc croisa ses bras sur sa poitrine et se tourna vers Isabel.

— Faites comme moi, ma fille, dit-il avec un redoublement d'onction, ne condamnez pas...

cherchons à nous éclairer ensemble... ceci est une maladie : soyons-en les médecins...

— Vous êtes bon, mon père, dit la jeune fille, émerveillée de tant de douceur.

La duchesse pensait :

— Ce n'était pas ainsi qu'il parlait... Tout ce que celui-là dit, il l'eût fait...

— Les dernières paroles de votre mère, poursuivait cependant le Medina-Celi, m'ont donné à penser qu'il y avait un doute en elle... Qui sait si elle n'a point de bonnes raisons d'avoir de la défiance !... Moi, pendant ces quinze ans, j'étais du moins protégé par les murailles mêmes de ma prison... mais elle... L'exil laisse le champ libre à toutes les tentatives. Qui sait si l'imposture n'a pas déjà frappé à sa porte ?

Madame, poursuivit-il en s'adressant à la duchesse, dont l'air morne et farouche faisait songer à la folie, les sacrifices coûtent peu quand on aime... mon sang est orgueilleux, vous vous en souvenez bien... cependant il ne me répugne pas de m'humilier devant vous... J'aurai le courage de subir tous les examens que me prescriront vos défiances. Mettez-moi à l'épreuve, je me livre à vous. Loin de souffrir en m'abaissant ainsi, je sens que j'éprouverai une sorte de plaisir à combattre le démon qui vous obsède. Je tendrai l'arc d'Ulysse si vous le mettez entre mes mains, et je serai heureux, et je serai fier, entendez-vous, madame, d'avoir reconquis, à force de patience, la place qui m'appartient dans ce cœur si digne et si grand... Je serai fier et je serai heureux de vous avoir rendue à vous-même !

— Oh! ma mère! s'écria Isabel, votre époux est un saint!

Éléonor découvrit son visage inondé par les pleurs. Son regard, où se lisait un poignant découragement, se fixa sur sa fille. Elle dit d'une voix haletante et brisée :

— Hé, pauvre enfant chérie, vas-tu m'abandonner?

La jeune fille allait répondre. Le bon duc lui imposa silence par un signe tout paternel. Ce signe voulait dire : N'entravez pas la malédiction morale que je vais opposer au mal de cette pauvre femme.

— Que vous faut-il pour croire? poursuivit-il en se rapprochant d'Éléonor; dois-je vous traiter en incrédule et vous fournir des preuves irrécusables? Dois-je me borner à ces souvenirs qui nous sont communs? Dois-je vous parler de mon frère bien-aimé, Louis de Haro, et de cette autre Isabel dont la mémoire chérie a été la marraine de notre fille?

Éléonor de Tolède écartait peu à peu les mains qui couvraient son visage. Son front s'éclairait, on voyait naître dans ses yeux la persuation consolante.

Isabel était radieuse.

Le duc Hernan se prit à sourire.

— Non, n'est-ce pas? poursuivit-il, ces choses, on a pu me les conter... Il en est d'autres dont nul n'avait le secret. Nos petits mystères à nous deux, nos joies et nos souffrances partagées. Madame, écoutez-moi; écoutez-moi aussi, dona Isabel. C'était à la fin de l'hiver, en l'année 1627...

il y a quinze ans... Février, si dur aux autres climats, avait laissé à nos jardins leurs senteurs embaumées... Comme nous nous suffisions à nous-mêmes, nous n'allions jamais chercher hors de l'enceinte de la maison de Pilato des distractions dont nous n'avions que faire, des plaisirs dont nous ne voulions point, cela est-il vrai, madame?

— Cela est vrai, seigneur, prononça Eléonor d'une voix faible et comme malgré elle.

Le bon duc échangea un regard avec Isabel.

Ils triomphaient ensemble; ils étaient d'accord.

— Oh! oui! reprit ce modèle des époux; cela est vrai... nous n'avions qu'un cœur... nous nous étions dit tout ce qui peut se dire, depuis trois ans, que nous étions heureux, et cependant nous étions insatiables de cette joie d'être ensemble. Ces jours ne suffisaient pas à la félicité toujours nouvelle de nos longues et solitaires causeries.

La duchesse soupira.

— C'était donc, reprit Medina-Coli, le 9 février 1627.

— Date chère, mais fatale! murmura la duchesse.

— Beau jour, n'est-ce pas, madame?... et qui devait s'achever dans le deuil... Nous avions conduit le matin notre Isabel à l'église Saint-Ildefonse pour renouveler son vœu annuel... car depuis sa naissance elle portait les couleurs de la sainte mère de Dieu...

— Le bleu et le blanc... c'est vrai...

— Notre Isabel s'était endormie dans son berceau, que j'avais porté moi-même après la chaleur du jour, sous les orangers en fleurs...

— Nous deux, rectifia Eleonor; je tenais une anse, vous l'autre.

Isabel avait de bonnes larmes plein les yeux.

— Nous deux, répéta le duc, c'est vrai, dirai-je à mon tour... Le ciel qui, jusqu'alors, avait brillé pur et sans nuages, se couvrait tout à coup de noires vapeurs...

— Le vent venait de la sierra, interrompit Eleonor; le premier coup de tonnerre éveilla notre cher ange.

— Et tous deux encore nous reprîmes le berceau, emportant Isabel effrayée.

Le duc s'arrêta; la duchesse avait les yeux baissés, mais un sourire errait autour de ses lèvres ranimées.

Comme Hernan tardait à reprendre la parole, elle dit tout bas :

— Où courûtes-vous mettre à l'abri le berceau, seigneur?

— Ici, madame.

— L'enfant tremblait aux éclats du tonnerre...

— Et vous prîtes votre mandoline, et penchée au-dessus du berceau, vous chantâtes la douce chanson des berceuses de l'Estramadure, et l'enfant qui n'entendait plus les grondements de la foudre, au travers de vos suaves mélodies, se rendormit souriante et heureuse.

Eleonor laissa tomber ses deux bras, et dit, sans savoir peut-être qu'elle parlait, tant sa rêverie était profonde :

— C'est vrai... Et nous étions seuls tous deux !

— Seuls avec l'enfant qui n'a point de souvenir... murmura Hernan.

— Tout à coup, s'interrompit-il en changeant de ton, cette porte s'ouvrit, cette porte que voilà... Un de nos valets entra...

— C'était Savien...

— Oui... Savien... Il nous dit : « Les gens du roi sont dans la cour... » Vous souvenez-vous de ce que vous fîtes, madame?

— Si vous le dites, seigneur, que Dieu soit béni !

— Vous croirez?

— Je demanderai grâce.

— Les gens du roi venaient pour m'arrêter, madame. Vous tirâtes mon épée hors du fourreau, vous qui êtes femme, mais qui êtes Tolède... vous me la mîtes dans la main, et vous criâtes : « Défends-toi, Guzman, pour ton enfant et pour ta femme ! »

Eleonor glissa hors de son fauteuil et se laissa choir à genoux.

— Et ton père me répondit, ma fille, poursuivit-elle, car tu as raison, c'est un saint... ton père me répondit par la devise de son aïeul : *Mas el rey que la sangre...* le roi passe avant la famille. Et l'épée que j'avais mise dans sa main, il la rendit à don Martin Herrera, capitaine des gardes... et ce jour fut le dernier de nos jours heureux.

Elle embrassa les genoux du bon duc qui essayait de la relever, et acheva :

— Seigneur, vous êtes don Hernan, mon époux, et je vous demande grâce.

Une heure s'était écoulée. La duchesse Eleonor avait été si longtemps entourée de pièges! Elle semblait guérie complètement de ses doutes.

Cependant la duchesse avait écarté de ces explications deux points qui naguère semblaient lui tenir fort au cœur. Elle n'avait point parlé de ce mendiant dont l'apparition soudaine l'avait si fortement émue, la veille au soir, sur le parvis de Saint-Ildefonse; elle n'avait parlé ni de ce bruit entendu dans la ruelle, ni de cette porte ouverte dans l'oratoire, ce cri jeté à l'annonce de la visite du bon duc : « Ce n'était pas par là qu'il devait venir!... »

Certes, ce n'étaient pourtant point là des détails insignifiants. L'une ou l'autre de ces circonstances eût sans nul doute fait jaillir quelque lumière.

Ce ne pouvait être oubli. La duchesse Eléonor avait peut-être ses raisons pour ne point entamer ce chapitre.

Isabel venait de quitter le coussin où elle s'était assise aux pieds de son père et de sa mère.

Elle avait gagné la fenêtre. Son front pensif s'appuyait sur sa main.

Tout était bien. Tout nuage avait disparu de ce ciel pur. Il n'y avait là que repos et bonheur.

Mais comment exprimer cela? Ce repos était morne; derrière le double sourire des époux, ce bonheur était froid comme les pâles rayons du soleil d'hiver qui va se noyer dans les pluies.

Vous avez vu de ces comédies habilement et péniblement combinées où la situation se pose dès les premières scènes et grandit, ménagée avec un soin laborieux, jusqu'au moment où doit éclater la péripétie. La péripétie éclate, *l'effet se fait*, pour employer l'argot de ce grand art, étranglé vif par le métier. La foudre gronde en un mot, et le public est de glace, parce qu'il a deviné dans la coulisse la machine à tonnerre.

Rien ne manque, sauf la vérité. Cette pauvre vérité est-elle donc quelque chose, et faut-il encore compter avec elle?

Le regard d'Isabel se perdait dans l'ombre de ces grands massifs qui étaient au delà de la pelouse bordée d'orangers. Un instant elle avait senti au fond de son cœur une véritable joie. *L'effet* s'était fait, mais un vide étrange avait suivi cette plénitude.

Isabel s'étonnait franchement d'avoir essuyé sitôt ses larmes d'allégresse. Elle s'accusait d'indifférence et de dureté de cœur. L'image qui passait et repassait dans son rêve, Isabel eût voulu l'éloigner ce matin.

Toutes les heures de ses nuits et de ses jours étaient à ce rêve. Ne pouvait-il, ce rêve, laisser quelques minutes à la pensée de son père?

Ce rêve exerçait sur elle une tyrannie effrontée.

— Mon père a trop souffert pour ne pas être compatissant, songeait-elle; je lui montrerai mon âme... Ramire est un gentilhomme... nous nous agenouillerons tous les deux...

Elle s'interrompit pour écouter, parce que le bon duc élevait la voix.

— Je ne vous blâme point, madame, disait-il; les apparences étaient sans doute contre ce pauvre homme, puisque, dans votre justice, vous avez cru devoir lui infliger un châtiment si dur... mais il s'est vengé comme il faut, je vous en fais juge... c'est à lui que vous devez d'embrasser aujourd'hui votre époux.

— Je ferai au seigneur Pedro Gil toutes les ré-

13.

parations qu'il vous plaira d'exiger, répondit la duchesse.

— Exiger, moi ! se récria Medina-Celi ; je plaide la cause du dévouement humble et de la patiente fidélité, voilà tout. Je m'adresse à votre intelligence en même temps qu'à votre équité ; je vous demande, chère âme, si ce bon serviteur n'a pas accompli un double miracle en réunissant à Séville, dans la maison de Pilate, l'exilée de l'Estramadure et le captif de Alcala de Guadaira.

— Notre fortune est grande, seigneur... de pareils dévouements doivent être récompensés.

Ce disant, la bonne duchesse fit comme sa fille ; elle appuya sa tête rêveuse contre sa main.

Et, chose plus étrange, le bon duc profita de ce moment pour tourner la tête et pour ouvrir la bouche toute grande en un formidable bâillement.

A coup sûr, la situation changeait de physionomie. Le bon duc, à cette heure où personne ne l'épiait, détendait avec volupté les muscles de sa face et semblait chanter un hymne à l'ennui.

Ses traits, son regard, tout en lui disait mieux encore que son bâillement même :

— J'ai de tout cela par dessus la tête et je voudrais être à cent lieues d'ici.

Par les cinq plaies ! pour nous borner à ce seul juron du terroir, Ulysse démentait outrageusement son rôle. Est-on fatigué si tôt de Pénélope ?

Au milieu de ce silence anormal qui régnait dans cette chambre, où les tendres paroles auraient dû si vivement se croiser, on entendit un petit cri étouffé. C'était Isabel, qui se redressait en même temps, éloignant sa tête de la jalousie tombée.

— Qu'est-ce, Bel? demanda la duchesse.
— Une guêpe... balbutia la jeune fille.

Elle s'assit ; le souffle lui manquait.

La duchesse la couvrit d'un regard perçant.

Une guêpe voltigeait en effet, voyez la providence d'amour! bourdonnant et choquant bruyamment contre les lambris son thorax zébré de noir et de jaune.

Mais le trouble d'Isabel persistait et allait même en augmentant, bien que la guêpe se fut éloignée d'elle.

En outre, l'œil voilé de la jeune fille, invisiblement sollicité, cherchait à glisser un regard entre les tablettes de la jalousie.

Y avait-il une autre guêpe dehors ?

Eleonor fit mine de se lever pour se rapprocher de la fenêtre. Le bon duc la retint et Isabel respira.

Le bon duc avait aux lèvres un sourire légèrement ironique. Vous eussiez dit un homme qui prend tout à coup son parti en brave.

— C'est l'âge des guêpes, fit-il d'un ton délibéré en se penchant à l'oreille de sa femme ; auriez-vous ici quelque jeune page ?

— Monseigneur ? interrompit dona Eleonor stupéfaite et indignée.

— C'est l'âge, répéta paisiblement le bon duc ; j'ai pensé à cela bien souvent dans ma prison. Votre haute prudence me rassurait, madame... mais la fille d'un proscrit est exposée...

Il s'arrêta, croyant que la duchesse allait répliquer, mais elle avait baissé les yeux et gardait un fier silence.

Isabel avait repris sa place à la croisée. On voyait, de profil perdu, les battements précipités de son sang. La guêpe cependant était partie. Pourquoi le sein d'Isabel continuait-il de battre ?

C'est que la cause de son trouble se rapprochait au lieu de s'éloigner.

Le bon duc ne se trompait qu'en un point : il ne s'agissait pas d'un page.

Au moment où dona Isabel avait laissé échapper son premier cri, elle écoutait sans frayeur aucune le vol bourdonnant de la guêpe. Dans le noir des massifs, une silhouette s'était soudain détachée.

Une vision plutôt, car le rêve d'Isabel prenait un corps.

Ramire était là. Veillait-elle ? Ramire dans l'enceinte des jardins de Pilate !

C'était lui. Les yeux d'Isabel ne pouvaient la tromper. Seulement, à la place de son pauvre harnois de la veille, Ramire portait un riche costume de gentilhomme.

Pour elle, Ramire n'était pas plus beau ainsi, mais il était toujours bien beau ; et comment expliquer la féerie de cette transformation ?

Ramire, dont la tête était à prix, Ramire costumé comme un grand d'Espagne !

Cela valait bien un cri étouffé. Bienfaisantes guêpes, pourquoi ces ingrates jeunes filles vous pourchassent-elles parmi les fleurs ?

Ramire disparut au coude d'une allée tournante. Désormais les massifs cachaient sa marche, mais Isabel sentait qu'il approchait.

Elle avait peur, et elle était heureuse; son cœur battait à la fois de frayeur et de joie.

Que venait-il faire, grand Dieu ? A quoi s'exposait-il ? Combien son amour était grand pour braver tant de périls !

Isabel aurait bien voulu soulever la jalousie pour lui faire signe, pour lui dire : Au nom du ciel ! éloignez-vous !

Mais le moyen de soulever la jalousie ? Les guêpes ne servent point à cela.

— Croyez, madame, reprit le bon duc, que j'apporterai en cette matière tout le sérieux qui convient... Vous ne pouvez vous étonner que notre fille chérie ait occupé beaucoup ma pensée pendant les heures de ma captivité... Isabel a dix-sept ans... J'ai songé pour elle à un mariage...

Il n'y a point de préoccupation ni de distraction qui puisse empêcher ce mot d'arriver aux oreilles des jeunes filles. Elles entendent ce mot au travers des cloisons les plus épaisses, elles l'entendent hors de portée de la voix, elles l'entendent même souvent alors que personne n'a songé à le prononcer.

La brise le soupire en passant, ce mot qui est fée; le feuillage des arbres le murmure, l'eau des ruisseaux le chante.

Qu'elles soient riches ou pauvres, belles ou laides, héritières de duc ou filles de vilain, elles l'entendent. Et les années n'y font rien, voilà le miracle. Ce sens fantastique se perfectionne avec l'âge. A cet égard, les oreilles les plus fines appartiennent aux filles de quarante ans.

Isabel entendit. Son regard épouvanté se réfugia vers sa mère. Celle-ci, parmi toutes les impressions qui se disputaient son âme, eut un vague mouvement de joie. Elle sentait se renouer ce pacte maternel et filial que l'arrivée du père avait relâché, sinon rompu.

Le premier besoin pour une mère est d'avoir le cœur de son enfant, tout le reste cède à cette nécessité de la loi de nature. Le regard de la duchesse répondit à celui de sa fille. Les yeux se parlèrent. Isabel sut qu'elle avait un appui et un défenseur.

Le bon duc cependant poursuivait ainsi :

— J'y ai songé mûrement, j'y ai songé longtemps... Hier, nous étions au plus bas, et si les circonstances nous sont favorables, nul ne peut répondre de l'avenir. Qui sait si nous ne retomberons pas demain ? La prudence nous conseille donc d'assurer, pendant que la chose est possible et même facile, la situation de notre Isabel... Est-ce votre avis, madame !

— Je ne crois pas, seigneur, répliqua la duchesse, qu'on puisse répondre par un oui ou par un non à une semblable demande. Cela dépend du choix que vous avez fait d'abord. Cela dépend ensuite de l'inclination de notre fille.

Isabel écoutait assurément de toutes ses oreilles, mais elle regardait aussi de ses yeux. Ramiro était maintenant au milieu du parterre. Il se dirigeait vers la maison, tête haute et sans prendre souci de se cacher.

Isabel n'osait plus faire un mouvement de peur de trahir sa joie ou sa détresse.

— Vive Dieu ! s'écria le bon duc en se renversant sur son siège ; je sais bien que je reviens de l'autre monde... Mais, pendant que j'étais sous les verrous, les mœurs espagnoles ont-elles si fort changé?... Sommes-nous devenus, nous autres grands d'Espagne, des Français ou des Anglais, pour céder aux fantaisies de nos filles? Avons-nous pris la coutume d'abdiquer notre puissance paternelle, qui a sa base dans la loi divine comme dans la loi humaine, dans les livres sacrés comme dans le droit des religions antiques?... Si cela est, il faut m'en instruire, madame, car je suis de vieux sang, et je ne vois dans tous ces tableaux qui représentent mes aïeux au conseil ou au combat, je ne vois aucun Guzman qui ait dépouillé follement sa prudence pour agir selon le caprice d'une fillette amoureuse.

— Monseigneur, murmura la duchesse, je ne sais ce qui est advenu des mœurs et coutumes de l'Espagne ; mais la prison a fait de vous un habile clerc. Nous étiez moins savant autrefois.

— Est-ce un crime, madame? riposta Medina-Celi, qui rougit, mais domina sur le champ son trouble ; eh bien! oui, j'ai étudié; ces heures de solitude sont propices à la lecture et à la méditation... J'ai pardonné une fois, madame! ajouta-t-il en voyant la défiance renaître sur les traits de dona Eleonor ; je ne voudrais pas, moi qui suis époux et père, en appeler dès ce premier jour à mes droits de maître absolu.

Une voix qui s'éleva sous la fenêtre prévint la réponse d'Eleonor.

La voix était douce et mâle à la fois. Vous eussiez dit qu'une invisible main venait de teindre en pourpre les joues et le front d'Isabel.

— Je veux parler au duc de Medina-Cœli, disait la voix, j'ai rendez-vous avec lui ce matin.

— Serait-ce déjà Escaramujo?... murmura le bon duc, dont le visage austère eut, ma foi, une nuance d'espièglerie.

Comme les valets discutaient au dehors, la voix reprit d'un accent péremptoire :

— Sa Grâce m'attend.

Isabel jeta sur son père un regard stupéfait. Son père attendait Ramiro de Mendoze ! Parmi ces énigmes accumulées, quel nouveau mystère venait brocher sur le tout ?

La duchesse seule était calme. Elle n'avait rien vu ; elle n'attendait personne.

La porte s'ouvrit ; un valet parut et dit :

— Monseigneur veut-il recevoir un certain gentilhomme qui prétend...

— Sans doute, interrompit le bon duc; qu'il entre !

— Si toutefois, se reprit-il avec une grande affectation de courtoisie, madame la duchesse daigne le permettre.

— Vous êtes ici le maître absolu, prononça Eleonor en s'inclinant.

Le valet sortit. Isabel appuya ses deux mains contre son cœur.

L'instant d'après, notre Ramiro faisait son entrée.

Il s'attendait à voir le duc seul. La présence des deux dames fit monter un incarnat léger à ses joues. Il salua la duchesse avec respect, et baissa les yeux en s'inclinant devant Isabel.

Puis, il s'avança vers Medina-Celi en disant :

— Monseigneur, me voilà pour vous obéir.

— Qui diable est celui-ci ? pensait le bon duc désappointé ; si je n'avais cru que c'était Escaramujo !

D'instinct, Isabel était revenue auprès de sa mère.

— Te voilà bien émue, Bel, dit la duchesse à son oreille.

— J'ai entendu, mère, et si vous saviez...

— Peut-être en sais-je plus long que tu ne crois, ma fille... Connais-tu ce cavalier ?...

— Oh ! non, mère ! balbutia Isabel.

Puis, honteuse d'avoir menti :

— Je crois que je l'ai vu.

— En Estramadure ?

— Non... oui... peut-être en Estramadure, ma mère.

Le bon duc avait examiné Mendoze de la tête aux pieds. D'un mouvement brusque, et comme s'il se ravisait tout à coup, il lui tendit la main.

— Bonjour, bonjour, mon jeune gentilhomme, dit-il avec rondeur ; comment cela va-t-il depuis le temps ?

— Je rends grâces à Votre Excellence, répondit Mendoze.

C'est à vous qu'il faudrait demander des nouvelles de toutes vos blessures.

— Ah ! peste, pensa le duc, il paraît que je suis blessé... Le coquin de Pedro Gil m'a laissé au dépourvu sur ce chapitre-là.

— On dirait vraiment, reprit Mendoze dont le

regard cherchait Isabel, qu'un bienfaisant enchanteur vous a fourni son baume.

— Vous comprenez, mon garçon, répliqua le duc, dans ma position, je puis me donner les deux meilleurs chirurgiens de Séville.

La duchesse était tout oreilles. Il semblait que chaque parole de son seigneur et maître vînt ajouter désormais aux soupçons qui la tourmentaient depuis le commencement de l'entrevue, et que la fameuse histoire du 9 février 1627 avait un instant dissipés.

— Sur mon honneur! murmura-t-elle, mes idées vacillent dans mon cerveau... C'est lui et ce n'est pas lui!

— Que voulez-vous dire, ma mère? demanda Isabel avidement.

La duchesse tressaillit et garda le silence; mais en elle-même elle poursuivit:

— C'est son noble visage, ce n'est pas sa parole si simple et si grave... c'est sa voix, ce n'est pas son cœur...

— Et pourquoi disiez-vous tout à l'heure, ma mère, reprit Isabel en montrant la porte par où le duc était entré: « Ce n'est pas par là qu'il devait venir! »

— Tais-toi, Bel, et prie Dieu, répondit la duchesse, la lumière se fera.

Medina-Celi, déjà las de cette entrevue qui le menaçait d'une longue suite de quiproquos, demandait en ce moment:

— Et qui me procure l'avantage de votre visite, mon cavalier?

Mendoze pâlit. La duchesse se rapprocha.

— Restez, madame, s'empressa de dire Medina-Celi, ceci ne vous touche point.

Pour la première fois, le regard d'Éléonor rencontra celui de Mendoze.

— Ce doit être lui ! pensa-t-elle.

Mendoze ne répondit pas tout de suite. Il sourit à une idée qui lui traversa l'esprit et dit :

— La gaieté de Votre Grâce ne me surprend point. C'est l'effet du bonheur retrouvé.

— Eh, eh ! s'écria le duc en riant aussitôt, vous avez raison, jeune homme... Aujourd'hui ne ressemble pas à hier... Hé, hé, hé !... cette chambre est plus large que ma cellule...

— Je n'ai pas vu la cellule de Votre Grâce..... commença Mendoze.

— Que le diable l'emporte ! gronda le duc à part lui ; j'ai cru qu'il m'avait aidé à prendre la clef des champs !...

— Pendant que Votre Grâce accomplissait ce miracle de vaillance... poursuivit notre jeune cavalier.

— Bon, j'ai accompli un acte de vaillance ! pensa le maître de céans ; coquin de Pedro Gil !... impur coquin !

— J'étais caché parmi les ruines, acheva Mendoze.

— Et qu'appelez-vous un miracle de vaillance, s'il vous plaît, mon jeune ami ? car ma modestie m'empêche de comprendre à demi-mot.

— Le fait est, répondit Ramire, que Votre Excellence a l'embarras du choix entre ces merveilles d'audace : la descente au moyen de la corde trop courte... le combat sans autres armes que quelques dalles de pierre... la foudroyante victoire dès que l'épée a été dans votre main...

— On dirait que mon père ne sait pas... murmura Isabel à l'oreille de la duchesse.

Un geste de celle-ci lui imposa silence.

Le bon duc s'essuya le front, où il y avait de la sueur.

— Oui, oui, grommela-t-il; quand j'ai eu l'épée... c'est certain.. Vous êtes un digne gentilhomme, mon jeune camarade, mais par tous les saints, votre nom ne me revient pas... Ne froncez pas le sourcil, c'est pur défaut de mémoire... Si vous saviez comme le moral s'amoindrit dans ces épouvantables cachots...

Ramire, qui avait eu un mouvement de colère, s'en repentit aussitôt.

— Seigneur duc, répondit-il, Dieu me garde d'exiger votre reconnaissance pour le faible service qu'il m'a été donné de vous rendre... Je vous ai dit hier mon nom parce que vous me l'avez demandé, je suis venu en votre maison de Pilate parce que vous m'y assignâtes rendez-vous au moment où vous montiez sur mon cheval... Vous prononçâtes alors, seigneur duc, de nobles et chères paroles qui sont restées dans mon cœur, mais que je ne vous rappellerai point...

— Si fait, jeune homme!... rappelez! rappelez! ne vous gênez pas... La mémoire n'y est plus.

Ramire le regardait en face, et, comme la bonne duchesse, il pensait :

— C'est le même visage, c'est la même voix? Est-ce bien le même homme?... Y a-t-il là dessous magie ou sortilège ?

Quant au bon duc, il se recordait ainsi :

— Le jeune drôle, à ce qu'il paraît, m'a fourni l'épée et le cheval. Mais alors j'ai dû me sauver... et si je me suis sauvé, mes cartes s'embrouillent ; mon Sosie peut me tomber sur le corps d'un instant à l'autre !... Ah ! Pedro Gil ! Coquin de Pedro Gil !

— Puisque vous l'exigez, seigneur, reprit Ramire, je vous répéterai vos propres paroles... Vous m'avez dit, au moment où nous allions nous séparer : « Don Ramire, vous ressemblez au seul homme que j'aie bien aimé en ma vie. »

La duchesse, à ces premiers mots, ne put retenir un vif mouvement d'attention. Elle regarda Mendoze comme si elle ne l'eût point encore vu, et son âme sembla passer dans ses yeux.

— Que Dieu nous aide ! pensa-t-elle ; c'est la vérité : il lui ressemble. Je ne savais pas pourquoi ces traits si vaillants et si beaux me faisaient battre le cœur.

— Très bien ! fit le bon duc. Seigneur don Ramire, vous avez en effet un faux air... Votre manière de porter la tête... et votre nez... c'est surtout votre nez.

— Vous m'avez dit encore, poursuivit Mendoze : « C'est vous qui m'avez parlé le premier de ma fille ; c'est par vous que j'ai su qu'elle est belle comme les anges et comme sa mère... »

Isabel rougit. Ses yeux s'humectèrent et sourirent.

— Très bien ! répéta Médina-Celi. Vous comprenez : dans ces moments-là, on s'attendrit. Vous pouvez vous vanter de m'avoir fait plaisir, mon jeune camarade !...

Il ajouta à part lui et comme le vieux Caton radotait son *Delenda Carthago :*

— Et que Dieu confonde cet infâme coquin de Pedro Gil.

— Vous m'avez dit enfin, acheva Mendoze : « Venez me visiter demain à la dixième heure. Je sais que vous êtes l'ami de Medina-Celi, et que désormais, don Ramire de Mendoze, vous passerez partout où Medina-Celi passera. »

— Voici enfin la parole de mon époux! s'écria Éléonor de Tolède : cette fois, je le reconnais!

— Par ma foi! fit joyeusement le bon duc, touchez-là, don Ramire, et pardonnez ce jeu. Vous êtes le meilleur garçon que je connaisse. Avez-vous quelque chose à me demander?

— Un asile, répondit Mendoze.

Il allait poursuivre. Un geste rapide de la duchesse l'arrêta.

— Pour quelque folie de jeunesse, je suppose? interrogea Medina-Celi. On vous donnera un lit au palais, mon garçon... Vous mangerez avec mes pages. Par Saint-Jacques! ce n'est pas moi qu'on accusera jamais d'être un ingrat? Mais le temps passe! s'interrompit-il brusquement; voyons, mon jeune camarade, entre nous deux, point de compliments, n'est-ce pas?... J'aime à payer mes dettes, moi!... Prenez ceci et soyons quittes!

Il jeta sa bourse dans le feutre de Mendoze, pirouetta sur ses talons et se dirigea vers une embrasure.

Il se disait :

— Les grands seigneurs sont généreux, j'ai agi

en grand seigneur... et je ne suis pas fâché de garder ce gaillard-là sous ma main...

Mendoze était resté en place comme si la foudre l'eût frappé. L'humiliation d'être traité ainsi en présence d'Isabel le laissait dans une sorte de stupeur. Il pâlit, saisit la bourse et fit un mouvement comme pour s'élancer vers le duc.

Son regard rencontra pour la seconde fois celui d'Eléonor de Tolède. Elle mit un doigt sur sa bouche et se retira vers son oratoire.

Mendoze salua profondément. Il se trouva un instant seul en face d'Isabel émue et toute tremblante.

Il laissa glisser la bourse à terre sans colère et sans bruit.

— Senora, murmura-t-il, je suis trop payé, malgré cet outrage puisque je vous vois... je vous parle...

— Dans le jardin, prononça tout bas Isabel, sous les massifs... dans une heure !

Mendoze mit la main sur son cœur et s'éloigna ivre de joie.

Isabel rejoignit la duchesse.

— J'ai compris vos hésitations et vos terreurs, ma mère, dit-elle ; Hernan-Perez de Guzman, mon père, n'aurait pas payé sa vie sauvée avec de l'or !

XII

LA PORTE SECRÈTE

Quelle que soit l'idée que le lecteur ait pu se former de notre personnage, ce n'était pas un homme ordinaire. Il jugea la situation d'un coup d'œil et releva un front d'airain contre l'orage qui se préparait.

— Il est parti, fit-il en se frottant les mains ; j'avais jugé du premier coup que le gaillard avait quelque chose sur la conscience... De là ma réserve... Je pense qu'il a dû être content de l'aubaine... Mais qu'est-ce à dire ? voici la bourse au milieu de la chambre... Il aura oublié la bourse !

— Non, seigneur, répondit Eleonor de Tolède ; il ne l'a pas oubliée.

Le bon duc ramassa froidement la bourse et la remit dans sa poche.

— Senoras, reprit-il, ce jeune aventurier nous a pris le meilleur de notre temps, et il nous faut maintenant brusquer notre conférence... l'heure de la sieste approche... quand je manque ma sieste, je suis indisposé tout le jour... Vous paraissiez curieuses tout à l'heure, et c'est bien naturel, de connaître le nom de l'époux que j'ai destiné dans ma sagesse à notre très chère fille Isabel de Guzman... je n'ai point à vous le cacher : c'est un de ces noms qu'on peut prononcer tête haute, devant ses amis et devant ses ennemis... un nom que vous devez respecter et chérir, dona Isabel... le nom de Haro...

La jeune fille resta morne et muette, les deux mains sur le prie-Dieu de sa mère.

La duchesse dit :

— Il n'y a plus de Haro depuis que don Louis est mort.

— Et le marquis de Jumilla, commandant des gardes du roi ! se récria le bon duc : — et ce brillant jeune homme appelé, selon toute apparence, à une faveur si haute, don Juan de Haro, marquis de Palomas...

— Un bâtard ! prononça sèchement Eléonor.

— Madame ! s'écria Médina-Celi.

— Seigneur, ma fille est Guzman par son père, Tolède par sa mère, elle n'épousera jamais la honte !

— Jamais ? répéta le bon duc dont la lèvre blême tremblait.

— Jamais !

Ce dernier mot tomba distinct et ferme, bien qu'il fût prononcé à voix basse.

— Mère bien-aimée, murmura Isabel, merci du fond du cœur !

En somme la tournure que prenait la discussion semblait causer au bon duc plus de courroux que de surprise. Evidemment il s'était attendu à une résistance ; il avait sans doute compté la briser au premier choc de sa volonté de fer.

Mais une autre volonté se dressait en face de la sienne, et celle-là était d'acier.

Le ton de la duchesse disait mieux encore que

ses paroles quelle était la force de sa détermination.

Il ne restait plus rien de l'effet produit par la mise en scène essayée, et le récit conduit avec tant d'habileté n'avait point laissé de trace. Si c'était Pedro Gil qui avait mis le bon duc à même de jouer cette comédie en lui racontant d'avance les détails de cette funeste journée du 9 février 1627, on peut dire que Medina-Celi avait mis fort habilement en œuvre les matériaux fournis, mais le résultat de ce tour de force n'avait pas tenu contre la réalité des faits. Dona Eleonor, surprise d'abord et violemment convaincue par le choix délicat et tout intime de cette preuve, Eleonor avait réfléchi. Sous ce climat, où le corps n'a pas plus souci des vêtements que les logis n'ont besoin de clôture, tous les voiles sont transparents. La vie, avide d'air, ne peut pas se cacher comme chez nous. Les excès de la jalousie castillane, les excès plus grands et plus tyranniques encore de la défense orientale, ne sont qu'une réaction contre ce besoin d'espace et de liberté. Les duègnes et les eunuques sont pour remplacer, non sans désavantage, la garde naïve, mais excellente, de nos portes fermées.

En ces jours de bonheur, nos jeunes époux n'avaient rien à dissimuler. Quelqu'un avait pu épier leur félicité et surprendre leur désastre.

A la rigueur, le récit tout entier, si vrai, si précis, ce chef-d'œuvre qui n'avait d'autre défaut que d'être rédigé avec trop de perfection, pouvait venir de seconde main. Chacune des diverses scènes qui le composaient pouvait avoir eu quelque témoin. Si ce récit fût resté isolé, peut-être aurait-il emporté la place, mais les soupçons l'avaient précédé, et la conduite subséquente du bon duc lui donnait un éclatant démenti.

A quoi bon prouver qu'on est lion, si la patte du singe passe sous la fière fourrure du roi des déserts?

Ici le singe était adroit et hardi; il devait se cramponner héroïquement à sa peau de lion?

— Vous parlez haut, madame, dit le Medina-Celi en affectant un grand calme; vous en avez le droit par votre naissance, par vos vertus, par la tendresse même que je vous ai vouée et qui est toujours dans mon cœur... Mais, dans cette grave question où il s'agit du bonheur de notre unique enfant, la raison doit me guider et non plus la galanterie chevaleresque à laquelle nos jeunes amours vous ont autrefois accoutumée... Il est permis de jouer autour d'un berceau et de mener ces jolis tournois où les armes sont des roses effeuillées; mais devant l'autel nuptial on médite, on pèse des arguments sérieux, on se détermine selon le conseil de la conscience... Le privilège de la maison de Guzman nous oblige, madame. L'Espagne entière sait que l'héritage auguste du marquis de Tarifa tombe en quenouille plutôt que d'aller à des mains étrangères... La fille de Guzman vaut un fils devant la loi... Honte au père de famille qui ne couvrirait pas de sa protection ferme et loyale le dernier espoir de sa race!

— Ma fille est à moi, seigneur, répondit la duchesse, qui s'exprimait avec rudesse parce qu'elle sentait sa cause mauvaise sur le terrain où la question était posée ; je l'ai élevée toute seule, je l'ai défendue, je l'ai protégée...

— L'avez-vous aimée toute seule, madame ? interrompit le bon duc, essayant un dernier coup de sensibilité ; suis-je déchu de mes droits de père parce j'ai été martyr ?... Est-il honnête, est-il sincère, est-il chrétien de dire au captif de quinze années : « Votre fille a grandi loin de vous ; elle ne vous connait pas, donc elle n'est pas à vous ? »

La poitrine d'Isabel se serrait pleine de sanglots.

La duchesse la prit par la main.

— Enfant, dit-elle, tu ne dois point écouter cela... va prier pendant que ta mère combat pour toi.

— Je vous défends d'éloigner ma fille ! s'écria le duc avec colère.

— Et moi, je lui ordonne de sortir ! prononça lentement la duchesse ; qu'elle fasse choix entre nous.

Une pâleur mate couvrait le visage d'Isabel. Son sein battait. Ses traits exprimaient comme un remords.

Elle se disait, on le voyait bien :

— Si c'était véritablement mon père !...

Mais son hésitation ne dura qu'un instant. Elle baisa la main de dona Eleonor et se dirigea vers la porte.

Dès qu'elle fut partie, la duchesse prit son missel qui était sur le prie-Dieu, et le tendit à son mari en disant :

— Jurez sur ce saint livre que vous êtes Hernan

de Guzman; jurez!... et que le ciel vous foudroie si vous mentez, seigneur!

Le bon duc jeta le livre au loin avec emportement.

— Par mes aïeux! s'écria-t-il, ne connaissez-vous pas le sang de mes veines?... Femme, ne me tentez plus... Je suis le maître, et la loi des Goths, nos pères, me donne sur vous le droit de vie ou de mort.

Dona Eleonor, loin de trembler, le regardait avec une avidité singulière. Elle vit un éclair s'allumer dans ses yeux.

— Jure! répétait-elle; cette étincelle est à Guzman... Je mourrai si je me suis trompée deux fois.

— Je jure... commença le duc.

— Tais toi! l'interrompit-elle grandie tout à coup et plus belle qu'aux jours de sa jeunesse; le feu s'est éteint... ta prunelle ne sait pas garder la flamme... Tais-toi : Dieu te punirait!

Au lieu de s'irriter davantage, le bon duc eut un ricanement.

— Madame, dit-il avec tout son calme revenu, faisons trêve, je vous prie, à ces emportements tragiques. Leur moindre défaut est dans leur complète inutilité... Je veux que dona Isabel de Guzman soit la femme du comte de Palomas; j'ai mes motifs pour cela, motifs sérieux, politiques, et, qu'il me soit permis de le dire, motifs au-dessus de votre portée... Je ne désire pas la mort du pécheur... Si vous venez à résipiscence, je suis prêt à vous pardonner derechef... mais, je vous le déclare avec la tranquillité de mon bon droit,

14.

madame, vous avez comblé la mesure, et ma patience est à bout.

Eleonor de Tolède, répondant au sarcasme de son sourire par un sourire de dédain, repartit :

— Hernan ne menacerait pas sa femme.

Puis, avec ce désordre de logique qui est tout féminin et qui dérange sans cesse la symétrie de l'argumentation, elle ajouta :

— Ce n'est pas le duc de Medina-Cœli qui donnerait sa fille aux mortels ennemis de sa race, aux assassins de Louis de Haro, son frère d'armes, aux misérables qui se sont emparés, la nuit, par surprise, comme des voleurs infâmes, de l'héritage de Sandoval.

— J'ai réponse à cela, fit vivement le bon duc avec cette joie de l'avocat preste à la réplique. Discutons-nous de bonne foi ? alors nous allons nous entendre... Moi, je ne demande pas mieux que d'arriver à bien sans casser les vitres... mais s'il faut casser les vitres, je m'y résignerai, parce qu'il s'agit ici de vie et de mort. Nous sommes trop faibles, désormais, pour combattre... Une ville investie de toutes parts peut capituler sans honte, quand elle n'a point espoir d'être ravitaillée ou secourue... Or nous sommes dans cette situation précisément, et nous ressemblons à une ville assiégée. Nos ennemis sont tout-puissants : regardez autour de vous et cherchez nos alliés... Vous parliez des Sandoval ; où sont-ils les Sandoval ? Quel vengeur a surgi de la tombe du duc de Lerme ! Uzède est-il mort ou vivant ? on ne sait tant sa mort ou sa vie importe peu ! Louis de Haro n'a point laissé de postérité ; Moncade s'engourdit dans son impuissance ; Medina-Sidonia, notre cousin, s'est rallié au comte-duc, le favori. Nous sommes seuls, madame, ou plutôt je suis seul, car je suis abandonné de ma propre famille... Or, la première condition, le plus étroit devoir de celui qui, comme moi, résume en lui toute la responsabilité d'une race, c'est de vivre...

— Même aux dépens de l'honneur?... interrompit amèrement Eleonor.

— J'ai médité quinze ans, madame, prononça le bon duc avec emphase ; la souffrance et la solitude ne sont pas de mauvaises conseillères ; aucun écrivain ancien ou moderne n'a pu avancer un pareil sophisme... L'honneur est un de ces mots qui couvrent toutes les défaillances et toutes les déroutes... S'il ne s'agissait que de mon existence propre, peut-être ne dirais-je pas comme je le fais : « Je veux-vivre. » Que m'importe, en effet, les quelques jours qui me restent à souffrir? J'ai vu ma maison, dona Eleonor ; je vous ai vue : vous avez étendu un voile de deuil sur mes dernières illusions... quand je dis : « Je veux vivre », c'est de ma postérité que je parle... Tout le sang de Medina-Celi est en moi par ma fille, je veux que ma fille vive... et j'entends par vivre s'épanouir au soleil de la cour... Végéter dans l'ombre et loin des rayons qui sont la gloire, c'est lentement mourir... Je veux que ma fille soit glorieuse... je veux étayer ce lierre frêle et gracieux à un arbre fort, supportant une abondante feuillée... Mes yeux ont cherché cet appui de toutes parts : je ne l'ai trouvé que chez mes ennemis : j'ai été l'y saisir, je m'en vante, madame, car c'est une proie

conquise!... Les Romains n'avaient enlevé que
des femmes dans la ville ennemie ; j'ai fait mieux :
j'ai ravi un homme aux Sabins... et quand la
tombe va s'ouvrir pour moi... je n'aurai pas cette
tristesse et ce remords d'aller dire à nos pères :
« J'ai votre écusson dans le cercueil. » Un autre
duc de Medina-Celi conduira ma pompe funé-
raire...

— Un faux duc!... murmura la duchesse.

— Un vrai duc!... le père des petits-fils de
Tarifa! la branche greffée est-elle moins belle
parmi celles qui couronnent le tronc d'un grand
arbre?...

Il se tut, et après un silence :

— M'avez-vous compris maintenant, madame?
Ce n'est pas une comtesse de Palomas que je
veux faire de votre fille, c'est une duchesse de
Medina-Celi.

Eleonor de Tolède, à bout d'arguments, mais
non point de constance, répondit :

— Seigneur, je vous comprends... Autrefois
vous n'étiez pas doué de cette éloquence, et cependant vous n'aviez nulle peine à faire entrer la
persuasion dans mon âme... Aujourd'hui que vous
avez acquis miraculeusement ces talents d'ora-
teur, vous m'étonnez sans me convaincre... Je
suis la mère d'Isabel de Guzman, et je refuse mon
consentement à ce mariage.

— Je suis le père, madame, ma volonté suffit,
je passerai outre.

— Je me jetterai aux genoux du roi.

— Le roi veut cette union. Don Juan de Haro
est le neveu de son bien-aimé ministre.

— Le roi m'écoutera...

— Il y a quinze ans, madame, fit le bon duc avec un sourire matois où perçait le cynisme, je ne dis pas que le roi ne vous eût point écoutée.

Ce fut de la joie qui parut sur le visage d'Eleonor de Tolède.

— Ah! s'écria-t-elle en reculant jusqu'au fond de son oratoire, vous venez de vous trahir!... Le duc était un chevalier... vous êtes un lâche, puisque vous insultez les femmes... vous n'êtes pas Medina Celi, j'en ferais le serment devant Dieu!

Le bon duc se mordit la lèvre. Il eût voulu ressaisir le sarcasme intempestif que son irritation avait laissé échapper; Eleonor lui tournait le dos. En prononçant ses dernières paroles, elle s'était agenouillée devant son prie-Dieu, comme pour rendre grâce au ciel de la lumière qui se faisait en elle.

— Madame, dit-il en se rapprochant, j'ai employé tous les moyens courtois... je les ai épuisés même, j'ai le droit de l'affirmer... il ne me reste plus qu'à recourir à la force. Je vous donne deux heures pour réfléchir... Si dans deux heures vous n'êtes pas revenue à des sentiments plus sages, je prendrai des mesures pour que vous soyez séparée de votre fille.

Il crut avoir frappé juste cette fois, car la duchesse poussa un grand cri.

Mais il la vit au même instant saisir un objet sur le prie-Dieu et le presser avec passion contre ses lèvres.

Avant même qu'il eût pu se demander quel était cet objet, elle se releva radieuse. Une expression d'indomptable vaillance éclairait la beauté de ses traits. Elle était lionne, pourrions-nous dire, lionne par l'attitude et par le regard.

— Dieu a parlé, dit-elle en faisant glisser dans son sein l'objet mystérieux qui était pour elle un avertissement ou un secours ; j'ai un ami... une protection invisible est autour de moi : je ne vous crains plus.

— Est-ce un accès de démence?... pensa tout haut Medina-Celi.

— C'est un transport d'allégresse! répondit Eleonor qui avait d'heureuses larmes dans les yeux... Seigneur, je n'ai pas besoin de vos heures... j'ai la tête libre, et, voyez! mon cœur ne bat pas plus vite qu'il ne faut... seigneur, je n'ai pas besoin de réfléchir... j'ai là, tout près de mon cœur, le gage de ma délivrance. La certitude est née en moi... vous êtes habile, mais la Providence n'a pas voulu qu'une pauvre mère fût ainsi abusée... Seigneur, vous n'êtes point Medina-Celi... ne vous récriez pas encore : j'ai autre chose à vous dire... Vous avez mis sur vos épaules un nom trop lourd à porter... vous chancelez sous le fardeau, seigneur... votre visage est semblable à celui de mon bien-aimé, mais vous n'avez pu lui voler son âme... J'ai regardé votre âme et je ne l'ai point reconnue... Alors j'ai cru que vous me l'aviez tué, et j'ai frémi jusque dans la moelle de mes os... mais il vient de me dire : « Je veille sur toi ; je suis là, ne crains rien : défends ta fille et défends-toi ! »

Le duc restait devant elle, pâle et les sourcils froncés.

— Prenez garde, madame !... prononça-t-il entre

ses dents serrées ; dans notre Espagne, le châtiment est rude pour la femme coupable.

— Il n'y a point de châtiment pour la mère clairvoyante... Vous n'êtes point Medina-Coli !

Le duc saisit la sonnette d'or qui était au chevet du lit.

— Prenez garde ! répéta-t-il ; tout le monde ici m'obéit.

— Appelez ? fit Eléonor, dont la tête haut levée provoquait ; je vous dirai devant tous : « Vous n'êtes point Medina-Coli. » Et je le prouverai en montrant l'objet qui est là dans mon sein... dernière épreuve, celle-là, et dont vous ne sortirez pas, car le traître Pedro Gil ne vous aura pas fait la leçon...

— Madame...

— Le traître Pedro Gil, reprit-elle avec un éclat de voix, ne savait pas quel médaillon béni mon Hernan portait sur sa poitrine... Il ne savait pas par quelle voie mon Hernan, absent et présent à la fois, pouvait entrer ici à toute heure, comme l'esprit invisible pénètre au travers des murailles... Appelez, j'appellerai... mandez, je manderai mon duc... Vous avez la force, dites-vous : moi je dis : j'ai le droit... Tentez la bataille, seigneur, je vous en défie !

Elle avait encore la main sous son corsage. Le bon duc, emporté par un de ces mouvements de rage que les plus prudents ne savent pas toujours réprimer, s'élança vers elle et lui saisit le bras avec brutalité.

Elle le repoussa, plus forte qu'un homme, et se réfugia jusque sur les marches de l'autel qui faisait le fond de son oratoire.

— Toi Medina-Celi ! dit-elle d'un ton tranquille et méprisant qui contrastait à la fois avec son animation récente et le trouble profond de son interlocuteur ; toi Guzman... toi mon époux !... toi le père de ma fille !... mais tu ne sais pas retenir ton masque qui retombe à chaque instant, laissant voir l'effronterie de ton mensonge... Va ! ta ruse est déjouée, malgré l'infernal hasard qui t'a donné les traits d'un chevalier... Sors de ma présence et va dire aux fourbes puissants qui sans doute sont tes patrons dans cette intrigue honteuse : J'ai été vaincu... vaincu par une femme !

Pendant qu'elle parlait, le front du bon duc se rasséréniait peu à peu. Une idée venait de traverser son esprit, et cette idée était sans doute un moyen de rétablir la bataille aux trois quarts perdue.

Il étendit la main et prononça froidement :

— Ne faites pas trop de fond sur le dernier message.

Une pâleur livide couvrit le visage d'Eleonor qui faillit tomber à la renverse.

Le bon duc, voyant comme le coup portait, poursuivit :

— Il n'y a pour faire des miracles que les reliques des saints.

Dona Eléonor le regardait avec une épouvante mêlée d'horreur.

— Vous avouez donc !... commença-t-elle.

— Je n'avoue rien, madame, prononça d'un ton rude et menaçant le Medina-Celi ; je suis Hernan Perez de Guzman, votre époux et votre maître... je vous dis seulement ceci, en vous rappelant le proverbe : A bon entendeur, salut... je vous dis : pour soutenir l'accusation d'imposture que vous osez porter contre moi, il faudrait qu'un mort sortît du tombeau...

— L'ont-ils donc assassiné? balbutia la duchesse atterrée.

— Et les morts ne ressuscitent plus, madame, depuis le temps de Lazare!... Vous êtes à ma merci, vous m'appartenez ; je puis faire de vous, selon la loi, ma servante et mon esclave... Votre fille est mon bien, ma chose. Nul n'a d'autorité sur elle, excepté moi. Vous m'avez outragé, vous m'avez renié, vous avez essayé contre mon souverain pouvoir de père et d'époux une révolte insensée... je ne me vengerai point, mais je punirai ; je ne céderai point à la colère, mais j'écouterai la voix de la justice qui vous condamne... Faites vos adieux à votre fille, madame, pendant que vous en avez le temps. Je vous retire l'autorité que vous aviez sur elle, et qui n'était qu'une délégation de la mienne... Isabel de Guzman n'obéira désormais qu'à moi seul, et je vous laisse le choix, pour vous, entre un couvent et votre château d'Estramadure.

Ayant parlé ainsi, d'un accent magistral, le bon duc s'inclina de nouveau et se dirigea vers la porte.

— Restez, seigneur, dit Eleonor qui semblait prête à défaillir.

Elle retira celle de ses mains qui était cachée dans son sein.

Le duc darda un regard avide pour voir le mystérieux médaillon qui, malgré l'audace avec laquelle il venait de jouer son va-tout, était pour lui une terrible menace.

Il ne vit point le médaillon. La main de la duchesse tenait un autre objet ; c'était une feuille de parchemin pliée en quatre.

— Que Dieu ait pitié de moi ! prononça-t-elle avec effort ; je suis abandonnée, et nulle prudence amie ne peut m'apporter un bon conseil... Je vais peut-être briser ici la seule arme dont je puisse me servir pour défendre mon héritage et l'avenir de ma bien-aimée Isabel... mais cette arme est un lien, un lien qui nous enchaîne. Je fais comme les marins qui jettent leurs trésors à la mer pour conserver au moins leur vie... je veux garder ma fille qui est ma vie ; je paye la rançon de ma fille au prix de tout ce que je possède en ce monde : fortune et honneur ?

Elle dépliait lentement le parchemin.

— Vous ne savez pas ce que contient cet acte, seigneur, reprit-elle après un silence et d'une voix que le découragement brisait. Nous n'en sommes plus au doute ; s'il pouvait en exister encore, le seul fait de votre ignorance le dissiperait, car ce parchemin me fut envoyé par celui dont vous avez revêtu la dépouille... Nos persécuteurs infatiguables avaient d'abord attaqué mon état de femme légitime : ce parchemin était notre égide contre leurs coups...

— Ah ! ah ! fit impudemment le duc ; je crois reconnaître notre acte de mariage.

Eleonor eut un sourire amer et poursuivit :

— Vous n'avez pas été trop longtemps à deviner !

Elle se redressa. Ses yeux humides se levèrent au ciel. D'un geste lent et large, elle déchira le parchemin du haut en bas.

— Que faites-vous ? commença le duc.

— Je me fais libre, seigneur, répondit-elle d'une voix sourde. En d'autres temps et en autres pays j'aurais essayé peut-être de combattre, mais je connais les gens qui gouvernent l'Espagne, et j'aime mieux fuir. Si Medina-Celi est mort, tout est dit : votre imposture triomphe, et j'irai cacher ma défaite dans quelque obscur asile... Si Medina-Celi existe il saura bien relever sa femme et sa fille...

— Medina-Celi, c'est moi ! s'écria le duc ; avez-vous cru m'échapper par cette puérile supercherie ?

Dona Eleonor achevait de déchirer l'acte, dont les lambeaux allaient s'éparpillant sur le plancher.

— Je le crois, dit-elle ; ce sont vos patrons eux-mêmes qui ont détruit les registres de la chapelle du palais. Par cet acte seulement, Isabel était l'héritière de Medina-Celi. Maintenant je suis une femme perdue, seigneur, et Isabel bâtarde n'appartient qu'à sa mère. J'ai acheté ma fille bien cher, n'est-ce pas, à votre compte ? Au mien ce n'est rien, et je l'eusse estimée plus cher encore ; au prix payé, j'aurais ajouté tout mon sang goutte à goutte. Pesez cela dans votre esprit, seigneur, et n'acculez pas la lionne expirante, car sa dernière morsure serait terrible !

Son doigt étendu désignait la porte. Elle tourna le dos et regagna en même temps son oratoire.

En s'agenouillant, elle put entendre le bon duc qui ricanait et qui disait en passant le seuil :

— Par saint Jacques ! je ne m'attendais pas à cette aubaine ! me voici veuf de ma femme vivante, et je puis désormais choisir parmi les meilleurs partis de la cour.

Elle voulut prier mais elle ne le put. Ce dernier sarcasme était comme une liqueur corrosive et caustique qu'on répandrait sur une plaie vive. Il attaquait la conscience même de la pauvre mère ; il faisait naître en elle la réaction immédiate de l'action qu'elle venait d'oser.

Elle ne savait plus. Elle se repentait presque. Était-ce en vain qu'elle avait immolé son propre bonheur et son propre honneur ? Le trésor qu'elle avait jeté à la mer était-il noyé en pure perte ?

La duchesse n'avait-elle pas fourni une arme nouvelle à son insolent oppresseur !

Son rire ! Elle entendait le sardonique éclat de sa gaieté ! Il était sorti triomphant ! Son triomphe n'était-il pas la plus cruelle de toutes les menaces ?

Elle croyait prier, elle méditait. Son esprit se perdait en mille combinaisons qui allaient se mêlant, se bifurquant, se croisant comme les détours d'un labyrinthe.

La duchesse retira de son sein l'objet que naguère elle avait trouvé sur le prie-Dieu. Elle le contempla longuement, et ses yeux se baignèrent de larmes.

C'était un médaillon, comme elle l'avait laissé entendre au bon duc, ou du moins à celui qui s'affublait si hardiment de ce titre. Le médaillon, fermé d'un côté par une plaque d'or et de l'autre par un rond de cristal, portait à l'intérieur trois compartiments : deux contenaient des cheveux, le troisième une relique.

Sur le cristal étaient gravés, à la pointe du diamant, des caractères arabes, au-dessous desquels était en langue espagnole la devise du grand marquis de Tarifa *Mas el rey que la sangre*. Au-dessous était la devise que nous avons vue déjà sur la boîte d'un autre médaillon : *Pora aguijar a haron*. Ces deux légendes étaient réunies par une double accolade.

Au revers du médaillon il y avait une croix surmontant les deux écussons embrassés de Haro et de Guzman.

Certes, il était impossible de prendre ce reliquaire pour un autre. Les signes qui le distinguaient étaient nombreux et frappants. La duchesse l'avait reconnu tout de suite, et à sa vue un immense espoir était entré dans son cœur. Mais le doute avait pris une autre voie pour se glisser en elle. Soit hasard, soit raffinement de diplomatie, le faux Medina-Celi avait dit : « C'est le message posthume d'un mourant. »

Dona Eleonor comtemplait le médaillon au travers des larmes qui baignaient sa paupière.

— Hernan! Hernan! disait-elle sans savoir qu'elle parlait, as-tu quitté cette terre où nous restons si malheureuses? Hernan, suis-je seule ici-bas? Ta femme et ta fille n'ont-elles plus de défenseur?

Elle prêta l'oreille comme si elle eût attendu une réponse.

Puis, saisie tout à coup par un vague espoir, elle se leva. Sa main pesa sur le rebord du tableau de Montanez pendu à droite de l'oratoire. Le panneau s'enfonça aussitôt, laissant ouvert un carré long de la forme d'une porte.

La duchesse joignit les mains, et, mettant sa tête à cette ouverture, elle répéta :

— Hernan ! mon Hernan ! vivant ou mort, réponds-moi !

Était-ce une illusion ? Un bruit vague et incertain, comme un soupir contenu, se fit entendre dans les ténèbres.

Le vent froid qui sortait de cet obscur couloir apporta deux fois les mêmes sons.

Ce fut tout. — C'était une illusion.

La nuit du mystérieux corridor était vide.

Eleonor de Tolède revint au pied de l'autel. Incapable de se tenir à genoux désormais, elle s'assit sur les marches.

Comment aurait-elle pu prier ? Il faut pour parler à Dieu le calme de la pensée ; il y avait une tempête dans son esprit et dans son cœur.

Ce médaillon ! toujours ce médaillon ! Était-il tombé du ciel ?

Message de mort, avait dit le faux duc. Mais quelle invisible main l'avait remis à sa destination ce message ? L'avait-on déposé sur l'autel pendant la nuit ? Par quelle voie était-on entré ?

Par la porte secrète ? Mais le duc seul, le vrai duc, cette fois, connaissait cette issue, communiquant à travers le corps de logis tout entier, avec sa chambre à coucher, et donnant dans son propre oratoire, à la place occupée par l'autre tableau de Montanez...

Un quart d'heure s'écoula. Dona Eleonor, fatiguée d'agiter ces questions insolubles, quitta la ruelle de son lit et se prit à parcourir sa chambre à pas lents. Il était dans sa nature de combattre jusqu'à la dernière extrémité, mais son isolement l'effrayait. A qui se fier? Par ses fenêtres elle avait entendu ce matin ses serviteurs les plus fidèles crier : Vive le bon duc! avec enthousiasme.

Il y a des choses obstinément invraisemblables. Leur réalité même n'inspire pas créance. De ce nombre est le phénomène pourtant si commun de la ressemblance complète : j'entends assez complète pour tromper. Cela rentre dans le domaine de la fiction. Personne, hors du roman ou de la comédie, ne prend au sérieux ces excentricités.

Dona Eleonor avait conscience de ce fait. Elle savait bien qu'au premier mot prononcé on l'accuserait de folie. Chacun avait vu le bon duc, chacun l'avait reconnu ; il avait rappelé à chacun de ces détails intimes qui prouvent surabondamment l'identité.

Absurdités ! impossibilités ! contes à dormir debout ! ces formules des vulgaires et souverains arrêts de la foule eussent bien vite interrompu le plaidoyer de la bonne duchesse. Elle se sentait d'avance condamnée, — surtout parce qu'elle était seule.

Plus elle creusait la situation, en effet, plus son isolement l'épouvantait. Elle évoquait tour à tour par la pensée ses amis d'autrefois : ils étaient morts ; elle passait la revue de ses serviteurs les plus dévoués : le doute et l'étonnement, voilà ce qui se lisait sur leurs visages ! — Démence ! inventions romanesques ! *Contes à dormir debout!*...

Mais tout à coup une autre image passa dans sa rêverie laborieuse : une tête toute jeune, un regard ardent, un naïf et fin sourire.

— Don Ramiro de Mendoze! murmura-t-elle.

Ce fut comme un trait de lumière. Elle ne le connaissait pas, celui-là, et pourtant elle espérait en lui. D'instinct, elle se rapprocha de la fenêtre sous laquelle la voix de Mendoze s'était fait entendre pour la première fois. Ses doigts distraits soulevèrent une des planchettes de la jalousie. Elle porta son regard au loin, répétant au dedans d'elle-même ce nom qui lui faisait battre le cœur : Don Ramiro de Mendoze...

Elle aperçut une forme blanche qui glissait derrière le feuillage, au delà des parterres.

— Isabel!... un rendez-vous!...

Ces deux pensées lui vinrent à la fois. Elle n'eut point de colère. Elle jeta sur ses épaules une mantille de dentelle noire et sortit précipitamment.

Après son départ, pendant quelques minutes, la chambre à coucher resta déserte et silencieuse. C'était l'heure de la sieste ; rien ne bougeait dans la maison de Pilate.

Parmi cette immobilité muette, un bruit léger se fit vers la ruelle du lit, du côté de l'oratoire. La porte dissimulée par le tableau de Montanez tourna lentement sur ses gonds, livrant passage à un courant d'air qui fit voltiger sur le parquet les menus débris de l'acte de mariage déchiré.

Une forme sombre se montra au seuil. C'était un homme de grande taille, vêtu d'un costume simple et sévère. Avant d'entrer, il jeta un regard vers l'autel. Son manteau, relevé jusqu'à la lèvre, s'ouvrit ; son feutre à larges bords tomba, laissant à découvert une tête puissante, coiffée d'une riche chevelure noire où quelques fils d'argent couraient. L'homme se mit à genoux, joignit les mains et s'inclina. On ne pouvait apercevoir les traits de sa figure, qui restait cachée sous un masque de velours noir.

Il pria. Sa prière fut courte et ardente. Quand il l'eut achevée, il se leva et regarda tout autour de lui, au travers des trous de son masque. Vous eussiez deviné alors, derrière l'étoffe inerte qui cachait ce visage, une grande et profonde émotion. Les voleurs du pays d'Espagne s'agenouillent, dit-on, parfois et prient, demandant d'avance à Dieu, à la Vierge et aux saints, pardon de leurs pillages; mais celui-ci n'était pas un voleur, car il toucha l'un après l'autre, plusieurs des objets précieux qui l'entouraient, et les remit ensuite à leur place avec un religieux respect. Ce n'était pas non plus un amoureux, bien qu'il eût jeté un long regard au portrait où souriaient les dix-huit ans de la belle duchesse; non plus un espion, espèce pullulante sous le grand roi Philippe IV.

Qu'était-ce?

Nous dirons ce qu'il fit, ne pouvant dire ce qu'il était. Il prit sous le revers de son manteau une large bourse de soie qu'il posa toute ouverte sur le plancher au milieu de la chambre.

Puis il courba sa haute taille, et se prit à ramasser un à un, avec un soin minutieux, les petits fragments de parchemin éparpillés çà et là. Il les mettait à mesure dans la bourse.

Quand il n'en resta plus un sur le sol, quand son œil attentif et perçant eut sondé les moindres recoins, il referma la bourse et la remit dans son sein. Il gagna la ruelle. Sa main sortit de son manteau pour dessiner un signe de croix en passant devant le Christ. Puis la porte secrète roula pour la seconde fois sur ses gonds, montrant la toile où le pinceau de Montanez avait vivifié la poésie des saintes amours. Et, dans la retraite d'Eleonor, ce fut de nouveau le silence et la solitude.

XIII

DOUBLE RENDEZ-VOUS

Aucun souffle n'agitait le feuillage gracieux et léger des lentisques. Les lauriers roses laissaient pendre leurs jeunes pousses, molles encore et alanguies par la chaleur. La brise retenait ses soupirs. Les rayons d'un soleil ardent et lourd tombaient sur la couronne des grands arbres et abaissaient vers le sol une ombre tiède, tout imprégnée de trop violents parfums.

Les eaux murmuraient claires et gaies parmi ces langueurs de la méridienne : c'était comme des voix de syrènes chantant les délices du bain frais dans ces solitudes torrides.

Les jardins de la maison de Pilate, dessinés à grands frais et selon l'art mauresque par un descendant immédiat du marquis de Tarifa, occupaient un espace énorme entre le vieux quartier et la place de Jérusalem. Depuis quinze ans que le palais n'était point habité, certaines parties, forcément délaissées, avaient pris la physionomie de forêts vierges. Le palmier-nain, ce conquérant, avait envahi de larges places, protégeant ses racines et ses tiges rampantes à l'aide de son feuillage lisse, luisant, impénétrable au soleil, comme la tortue des phalanges macédoniennes protégeait ses combattants contre la grêle des flèches ou des javelots. Le palmier-nain est l'Attila de ce sol rougeâtre, éventré par la canicule. Une seule tige, foisonnant, multipliant comme la postérité des pauvres, va couvrir en quelques années un arpent de terrain.

Dans toutes les parties hautes du jardin, le palmier-nain avait fait des siennes, mordant les bosquets, obstruant les sentiers, détruisant la symétrie bizarre de ces compartiments de buis et d'ifs qui sont le luxe des jardins arabes ; mais d'autres portions étaient restées intactes, étalant le long des eaux vives cette opulente végétation qui brave les rigueurs même du soleil andalous. Là, le murier rouge épaississait l'opaque abri de son ombrage ; là, le caroubier arrondissait sa tête feuillue où pendaient les longues gousses de ses fruits ; l'aloès rampait ou grimpait, variant ses difformités monstrueuses et dressant autour de ses fleurs magnifiques un rempart d'épines envenimées ; le cactus, ce prodigue habillé de pourpre, lançait de toutes parts ses tiges étoilées ; l'yeuse bossue coudoyait la robuste élégance du frêne, et par intervalles, dans les espaces découverts, une colonnade de palmiers africains prolongeait sa correcte ordonnance.

Au bord de l'eau, qui, abandonnant ses vasques de marbre, courait et bavardait sous les bocages, c'étaient des touffes vivaces de neriums prodiguant leurs roses blanches ou légèrement carminées, des jasmins portugais ou virginiens, des liliacées géantes et amphibies. Sur les rampes, le grenadier au tronc tordu mêlait le cinabre de ses grelots aux candides corolles de bigaradiers et à l'or des citronniers en fleur.

C'était l'heure de midi. Les oiseaux avaient la tête sous l'aile, les poissons dormaient dans leurs herbes molles et ondulantes comme des chevelures, les reptiles eux-mêmes sommeillaient paresseusement abrités. L'ombre des massifs était muette : aucun insecte ne bourdonnait dans l'air.

Non loin du pavillon oriental que notre Bobazon avait aperçu, le matin, de la ruelle conduisant aux abattoirs de Trasdoblo, était une grotte tapissée d'arches et de mousses, au devant de laquelle coulait un ruisseau masqué par une épaisse bordure de cannes. La grotte avait deux issues, dont l'une donnait sous le pavillon mauresque et l'autre dans un bosquet de liéges.

Au fond de la grotte, un homme était étendu et dormait. Aux lueurs du jour douteux qui arrivait jusqu'à lui, vous eussiez dit un adolescent, à cause de la mate blancheur de ses tempes couronnées d'abondants cheveux noirs. Son pourpoint entr'ouvert laissait voir un bandage taché de rose, comme ceux qui maintiennent les lèvres d'une blessure. Un pas léger bruit sous le bosquet, et une voix de femme murmura :

— Seigneur don Juan ! seigneur comte ! où donc êtes-vous caché ? Le dormeur s'agita dans son sommeil et balbutia quelques paroles sans suite. Encarnacion était déjà à l'entrée de la grotte ; elle l'entendit, car elle se dirigea vers lui aussitôt.

— Éveillez-vous, seigneur don Juan, dit-elle, nous avons des nouvelles, Dieu merci ! Voyons ! éveillez-vous ! éveillez-vous ! Le comte de Palomas se mit sur son séant et se frotta les yeux.

— J'étais dans le paradis de Mahomet, ma fille, dit-il en bâillant de tout son cœur ; je n'y veux pas retourner, ventre saint-gris ! on s'y ennuie... Les femmes sont vieilles et trop grasses, les hommes ont des barbes de capucin, le vin ne vaut pas le diable... c'est un pitoyable taudis, en somme !... Quelles nouvelles apportes-tu ?

— Épouseriez-vous encore dona Isabel, demanda la soubrette, si vous saviez qu'elle n'a ni sou ni maille ?

— Allons donc ! fit le comte, qui haussa les épaules ; tu m'avais l'air moins innocente que cela ce matin, fillette... Viens-tu me réveiller tout exprès pour me faire de pareilles questions ?

— Alors vous ne l'épouseriez pas ? insista la suivante.

— Viens çà que je t'embrasse. Dans toutes les comédies, le jeune seigneur prend ses privautés avec la camériste de sa maîtresse... cela s'appelle corriger les mœurs en riant... Sais-tu que tu es jolie comme un cœur, Encarnacion ?

— Mais oui, répliqua-t-elle, on me l'a dit déjà : tout le monde est mon miroir... Mais parlons raison, s'il vous plaît, seigneur comte.

Le seigneur comte fit la grimace au seul mot de raison. La soubrette poursuivit.

— Si votre intention n'est pas d'épouser une fille sans dot, sans nom, et qui a déjà la tête tournée par un autre, vous n'avez pas besoin de faire faction ici jusqu'à ce soir. Don Juan essaya de se mettre sur ses jambes. La douleur lui arracha un cri.

— J'avais oublié cette maudite blessure, grommela-t-il. Au diable ce paysan d'Estramadure !... Il est sûr que je couperai les oreilles à maître Herrera, l'Asturien, dont la riposte de pied ferme ne vaut pas un maravédis !... Figure-toi, ma belle, que je l'ai placée trois fois, sa riposte... et exécutée à miracle encore !... Le rustre a paré sur place, comme s'il avait passé sa vie à l'académie de maître Herrera. Il saisit à l'improviste la main d'Encarnacion, et il lui vola un baiser qu'elle lui eût donné d'elle-même du meilleur cœur du monde.

— Voilà mon devoir de galanterie accompli ! dit-il en bâillant derechef ; une bourse et un baiser : Lope de Vega n'en fait pas d'autres ! J'ai donné la bourse ce matin.

— N'en aviez-vous qu'une sur vous, seigneur ?

— Joli ! têtebleu ! charmant !... Elles ont de l'esprit comme des Françaises !... Voyons tes nouvelles, ma mignonne... Tu dis que Dona Isabel a perdu la meilleure portion de ses charmes, à savoir sa dot...

— Et son nom, seigneur.

— Pauvre chère, la voilà bonne pour son rustaud au justaucorps de buffle ! Et comment sais-tu cela ?

— Je suis adroite, répliqua Encarnacion, quand j'aime ceux que je sers.

— Tu m'aimes donc, petite, décidément ? fit don Juan avec la bonne foi de ses pareils.

Encarnacion mit sa main potelée sur la chaîne d'or qui lui pendait au cou.

— Si j'étais la fille d'un grand d'Espagne, dit-elle avec un léger accent de moquerie, je ne vous demanderais que votre amour.

Le comte de Palomas se mordit la lèvre.

— Allons! charmant! s'écria-t-il en faisant contre fortune bon cœur, cette minette me divertit plus que je ne puis dire... Je prétends que les femmes sont bien plus madrées, plus effrontées, bien plus dépourvues de cœur, et partant bien plus amusantes, dans la nature qu'au théâtre. Prends la chaîne, fillette, mais je te défends absolument de faire de l'esprit à propos de mes autres bijoux. Encarnacion, rouge de plaisir, mit la lourde chaîne en sautoir sur sa poitrine.

— C'était pour avoir un souvenir de vous, seigneur, dit-elle; maintenant, à nos affaires!... Quand je vous ai quitté pour aller faire mon service au palais, je n'ai point trouvé dona Isabel dans son appartement, madame la duchesse l'avait mandée près d'elle. Je suis descendue à l'office, où tous les domestiques chantaient les louanges de leur excellent maître... Ah! quel beau-père vous auriez eu là, seigneur!... Rien que pour lui, moi, si j'avais été un noble cavalier, j'aurais épousé sa fille... je me disais donc, à part moi, pendant que les autres causaient : « Voici le comte de Palomas, qui est un joli seigneur et qui fait le pied de grue pour une innocente qui se moque de lui... »

— Tu perdais ainsi le respect, pécore!

— Quand je me parle à moi-même, je ne choisis pas mes expressions, seigneur... Excusez-moi, c'était par l'intérêt que je vous porte... Ce rustre, comme vous l'appelez, ce paysan d'Estramadure, don Ramire de Mendoze, en un mot, vous aurait causé bien des chagrins par la suite...

— La petite m'eût adoré!... interrompit don Juan.

— Le rustre avait déjà gagné une partie contre vous, seigneur.

— A un autre jeu...

— A un autre jeu où vous aviez marqué vos points d'avance... mais passons! votre chaîne a du poids, et vous contrarier serait de l'ingratitude... Ma maîtresse n'est pas rentrée de toute la matinée, j'aurais bien donné quelque chose pour mettre l'oreille à la serrure de madame la duchesse, mais il y a Savien qui ne bouge pas de l'autre chambre... vous comprenez, seigneur, que si j'avais envie de savoir, c'était pour vous...

— Naturellement, fit le comte. Il cherchait un bon mot pour se venger de la récente piqûre. Mais les bons mots vont et viennent.

— Vers onze heures, reprit la soubrette, l'oidor Pedro Gil... un laid coquin, je le dis comme je pense, est entré au palais avec une petite blonde douceâtre et sournoise qui a l'honneur d'être sa fille et qui va servir dona Isabel en qualité de première suivante... de sorte que je la déteste... je lui ferai mille caresses ce soir...

— Quel diablotin! dit Palomas avec admiration.

— A onze heures et demie, continua Encarnacion, le jardinier est rentré pour faire sa sieste...

il faut que tout le monde vive...: le jardinier nous a dit que dona Isabel était à se promener seule au jardin.

— Au jardin! répéta vivement le jeune comte, mais alors je pourrais la rencontrer, lui dire...

— L'aborder, lui parler, l'enflammer! interrompit la soubrette en éclatant de rire; — vous avez aussi contre les dames une riposte de pied ferme; mais laissez-moi poursuivre... Quelques minutes après, le bon duc est sorti de la chambre de sa femme et s'est rendu dans la grande galerie, où l'oïdor Pedro Gil l'attendait. Je me suis permis de suivre Son Excellence pour voir un peu ce qu'on allait dire à la blonde Gabrielle...

— Ce n'était donc plus pour me servir?

— Vous allez voir... Le bon duc était fort ému. Il avait les oreilles en feu comme tout mari qui vient de se disputer avec sa femme. De ces luttes on ne sort jamais que battu... aussi, en apercevant l'oïdor, il s'est écrié : « Victoire! victoire! »

— Mignonne, dit don Juan sèchement, tu arrives à avoir trop d'esprit!

— Allez-vous me quereller, seigneur, pour ne pas me payer vos dettes? Je m'étais cachée dans l'embrasure, derrière la statue de Pedro de Guzman. Le bon duc avait besoin de parler : il n'a pas fait languir l'oïdor et moi je l'imiterai, car je suis bonne fille. Voici pourquoi le bon duc criait victoire : madame la duchesse a refusé péremptoirement de vous accorder la main d'Isabel.

— Ah! bah! fit le jeune comte en essayant de railler.

— Son refus, continua la soubrette, a été accompagné de commentaires plus ou moins flatteurs pour Votre Seigneurie... plutôt moins que plus...

— Passe !

— Le Medina-Celi a tenu bon : il paraît qu'il est des vôtres. Pourquoi? ceci est un petit bout de charade qui me reste à deviner. J'ai trouvé fort surprenantes aussi les façons familières de l'ancien intendant Pedro Gil avec celui qui fut son maître ; mais, en étudiant bien, on finit par savoir, et il y a temps pour tout. Le Medina-Celi a parlé si ferme à sa femme qu'elle a déchiré son acte de mariage pour se débarrasser de lui...

— Il y avait donc vraiment un acte ! s'écria don Juan.

— Il n'y en a plus... et, selon les propres paroles d'Eleonor de Tolède, répétées par le bon duc, dona Isabel est une bâtarde, à l'heure que Dieu nous donne.

— Pauvre fille, murmura le jeune comte dans un premier moment de pitié.

La suivante sourit et murmura :

— Vous avez le cœur tendre, seigneur. Ce que je viens de vous apprendre vaut-il bien une de vos bagues? Don Juan voulut en prendre une à son doigt annulaire.

— Pas celle-là, seigneur, fit Encarnacion ; le diamant... Je n'ai jamais eu de diamant.

Don Juan donna le diamant.

— Vous êtes généreux comme un roi, fit la soubrette en le passant à son doigt.

— Que sais-tu encore ? demanda Palomas.

— Rien, sinon que j'ai entendu un pas furtif en

longeant les lauriers-roses... Celui qui vous a donné ce coup d'épée est un bien beau cavalier, seigneur ! Le jeune comte rougit de dépit.

— Le Mendoze serait ici?... dans le jardin ! murmura-t-il.

— Que vous importe? La fille sans dot n'est plus votre fait.

— Ventre-saint-gris ! s'écria don Juan, ce rustre maudit ne l'aura pas ! Elle m'intéresse, cette charmante Isabel ! Puisqu'elle ne peut plus être ma femme, je veux du moins qu'elle ait l'honneur de m'appartenir en qualité de maîtresse.

— O grandeur d'âme ! chanta Encarnacion. Alors, vous prétendez toujours enlever ?

— De plus en plus... et je compte sur toi.

— Nous verrons à séduire la nouvelle camériste, seigneur... Elle est blonde... je lui offrirai ce saphir de votre part : le bleu va bien aux blondes.

Pendant que don Juan de Haro détachait sa seconde bague, un bruit se fit dans le bosquet voisin. Le jeune comte prêta tout à coup l'oreille et mit un doigt sur sa bouche. On entendait distinctement des voix aux travers des arbres. Encarnacion se tut, car elle était pour le moins aussi curieuse que son partenaire. Ils écoutèrent tous les deux de leur mieux, pendant quelques secondes. Le murmure sembla s'éloigner, puis s'éteignit.

— En chasse ! fit don Juan ; je ne suis pas assez amoureux pour rêver tout éveillé... suivons chacun une piste : toi par là, moi par ici... Le rustre me doit une revanche et je l'aurai.

Il ne rêvait pas, en effet, ce beau comte de Palomas. Les sons qu'il avait cru entendre étaient bien réels. Seulement le gibier qu'il prétendait poursuivre avait, lui aussi, éventé la présence du chasseur. Mendoze et Isabel s'éloignaient, cherchant un couvert plus épais pour abriter leur entretien. Il y avait déjà du temps qu'ils étaient ensemble mais c'est à peine si quelques rares paroles avaient été échangées entre eux. Ils allaient, timides l'un autant que l'autre, et tristes de cette grande émotion des sincères amours. Mendoze soupirait, le pauvre bachelier! Son cœur s'épanouissait et se serrait tour à tour. Il souffrait, il n'osait: ce comble de la joie lui faisait peur. Isabel sentait les larmes chatouiller les bords de sa paupière. Chez l'un il y avait plus de frayeur, chez l'autre plus de mélancolie.

— Nous étions des enfants, dit enfin Isabel; sans cette excuse, seigneur Mendoze, ma conduite pourrait être fort sévèrement jugée...

— Et qu'importe à l'ange des puretés célestes, répliqua Mendoze, le jugement d'un monde corrompu? Isabel sourit doucement.

— Je ne sais pas si vous connaissez le monde, Ramire, murmura-t-elle; moi, j'avoue avec franchise que je ne le connais pas... nous étions des enfants, nous sommes des enfants, car ces trois jours n'ont pu ajouter beaucoup à notre expérience de la vie. Et pourtant, s'interrompit-elle d'un accent rêveur, que d'événements dans ces trois jours!... Il me semble qu'un siècle s'est écoulé depuis que je ne vois plus les bords tranquilles du Rio-Mabon et ce clair horizon de nos montagnes... Ramire, je vous en prie, au nom de Dieu! ne vous exposez plus à mourir par l'épée!...

— Madame, répliqua Mendoze en baissant les yeux, on insultait ce qu'il y a pour moi de plus cher et de plus sacré ici-bas !

— Votre père ?...

— Il serait mort à l'heure qu'il est, madame !... Je vous supplie de ne point m'interroger.

Dona Isabel garda le silence. Ses yeux ne se relevaient point.

— Si c'est pour moi que vous avez risqué votre vie, seigneur Mendoze, reprit-elle à voix basse, vous avez mal fait... nul ne vous avait donné le droit de me défendre.

Ramire changea de couleur et répondit :

— Senora, vous parlez à un esclave... Pour que votre volonté soit accomplie, il vous suffira toujours de l'exprimer.

— C'était donc pour moi, Mendoze? dit la jeune fille en lui tendant sa main, qu'il porta passionnément à ses lèvres, je voulais le savoir, et j'ai pris un détour... Mendoze, c'est un charme pour moi de vous parler comme je le fais, car vous êtes mon ami d'enfance et mon frère... J'ai eu ce désir douloureux et cher de passer près de vous une heure sans témoins ni contrainte avant de nous séparer pour jamais.

— Nous séparer !... pour jamais ! répéta le jeune homme avec détresse. Les premières paroles d'Isabel avaient enchanté son oreille et son cœur comme une musique céleste. Les derniers mots étaient un coup de foudre.

— Nous étions des enfants, reprit-elle pour la troisième fois, savais-je, moi qui vous parle, que vous prendriez tant de place dans mon cœur ?...

Quand je vous vis, j'eus comme un étonnement tout au fond de mon âme... et puis il me sembla que je vous avais vu toujours... Je n'étais pas effrayée, parce qu'il n'y avait en moi ni passion, ni tumulte... Votre image évoquée amenait sur mes lèvres un sourire et dans ma pensée je ne sais quelle fraîcheur reposée et calme... Sont-ce des excuses que je donne ici à vous et à moi-même ?... Peut-être, car je vous aime, et je sens que vous emporterez avec vous tout mon bonheur.

— Isabel! balbutia Mendoze pleurant et souriant; voulez-vous donc que je meure à vos pieds? se peut-il qu'on puisse à la fois prodiguer de si belles joies et infliger de si amères souffrances? Ils marchaient lentement sous ces arbres muets dont la brise paresseuse agitait à peine le feuillage endormi. La mousse molle étouffait le bruit de leurs pas. L'air tiède et tout imprégné mettait sur leurs poitrines un poids plein de délices.

Ils étaient beaux. La vierge, fière et douce, inclinait son front pur, que la pudeur confiante entourait comme d'une auréole. Le jeune homme, ardent et craintif, sentait son pouls battre la chère fièvre des amours. Ils étaient beaux. Derrière cet azur qui couvrait comme un dôme étincelant l'ombre délicieuse des bocages, la bonté de Dieu devait sourire à leur tendresse.

— Des souffrances! répéta dona Isabel, dont la voix était suave comme un chant; je vous crois, Mendoze. Pendant que vous disiez cela, votre parole était comme l'écho de ma pauvre âme malade... Vous m'aimez! oh! je sais que vous m'aimez... Et le ciel me préserve de vous en faire un reproche, car c'est ma faiblesse qui a encouragé cet amour!... Dites, Mendoze, m'aimez-vous assez pour me garder toute votre vie, comme je consacrerai la mienne à votre souvenir?

Ramire joignit ses mains tremblantes.

— A vous, à vous, Isabel chérie, mon existence tout entière! murmura-t-il; à vous quoi qu'il arrive! à vous uniquement et sans partage tous les battements de mon cœur!

Elle tourna vers lui son sourire angélique.

— Merci, dit-elle bien bas.

— Mais pourquoi?... commença Ramire.

— Pourquoi nous séparer, n'est-ce pas? interrompit-elle, tandis qu'un nuage de tristesse profonde descendait sur son beau front. Je vous dois cette explication, Ramire; je vous la dois comme à mon meilleur ami, comme à celui que j'aurais choisi pour lui confier le soin de mon bonheur, si le Ciel n'avait mis entre nous une barrière infranchissable... Naguère, lorsque nous étions en Estramadure, vous dans votre tourelle solitaire, moi près de ma mère exilée et oubliée, je n'avais jamais interrogé l'avenir; je me laissais aller sans réfléchir au charme qui m'attirait vers vous. Mon seul souci était de garder cette pure amitié qui était ma consolation la plus chère. Ma pensée n'avait pas été au delà; il me semblait, pauvre folle que j'étais, que la vie pouvait être ainsi un échange de lointaines et muettes tendresses. Vous dirai-je combien l'annonce du départ me fit verser de pleurs? Vous dirai-je la joie que j'éprouvai en vous reconnaissant de loin sur la route? J'avais tourné la tête bien des fois déjà: je m'accusais d'extravagance, et cependant, je gardais mon espoir... J'aperçus enfin la branche de myrte qui ornait votre feutre, je distinguai vos traits au milieu d'un nuage de poussière... Ramire, je vous remercie de m'avoir suivie, et plût au ciel que je pusse vous payer autrement que par mon éternelle reconnaissance ! J'ai vu mon père ce matin.

— Et votre père, interrompit Mendoze, vous a sans doute proposé un époux ?

— Je ne connaissais pas mon père, continua la jeune fille d'un accent rêveur : j'étais tout enfant quand la colère du roi s'appesantit autrefois sur lui. Je savais seulement que mon père était un saint et un chevalier. C'était un culte religieux que ma mère gardait à son souvenir... Tout mon cœur s'était élancé vers lui, j'avouerai davantage : tout mon être s'est révolté contre le froid accueil de ma mère, et je l'ai accusée au fond de ma conscience... J'en ai dit assez, j'en ai trop dit peut-être, car ces secrets de famille ne devraient point franchir le seuil de la chambre conjugale. Mon excuse est dans le besoin que j'ai de me faire comprendre... Vous avez deviné juste, Ramire ; au moment où je me réjouissais de l'accord qui régnait enfin entre mon père et ma mère, le duc de Medina-Celi a parlé vaguement des périls qui menaçaient notre maison et de l'obligation où il était de me donner un protecteur légitime.

— Et votre mère, senora ?

— Elle a interrogé mon regard... oh ! je vois bien maintenant ce que c'est qu'un cœur maternel !... ma mère a pris ma défense parce que mon regard suppliant l'implorait... ma mère s'est mise au-devant de moi, bien qu'elle ignore l'état de mon âme... Isabel garda un instant le silence, perdue qu'elle était dans ses réflexions.

— Ce matin, reprit-elle, on m'a raconté l'histoire de notre famille. J'avoue que je n'ai pas tout compris. Je sais qu'il y a autour de nous des dangers, de grands dangers... Un instant, j'ai douté de mon père lui-même... Je prie Dieu et la Vierge de me pardonner, car je ne sais où me diriger au milieu des ténèbres qui m'environnent... Ce que je sais et ce que je comprends, Ramire, c'est que, ne pouvant être à vous, je ne veux pas appartenir à un autre; ce que je comprends et ce que je sais, c'est qu'entre mon père et ma mère, je suis désormais une cause de discorde et de courroux... Mon dessein est de quitter le monde et de me retirer dans un cloître.

Comme elle se tut et que Ramire désolé tardait à lui répondre, ils se sentirent enveloppés dans ce grand silence du milieu du jour, qui, dans l'Espagne méridionale, est plus profond et plus complet que le silence même de nos nuits.

Quelques feuilles sèches bruirent faiblement sous le couvert. Isabel et Mendoze tournèrent la tête en même temps; ils ne virent rien et le bruit cessa. Mendoze se laissa glisser à deux genoux.

— Je ne suis rien, dit-il, je n'ai rien... A cette heure où je voudrais pouvoir vous donner un trône, la conscience de mon néant m'écrase... Isabel, si vous vous contentiez de mon amour, si vous m'aimiez assez pour partager mon dénûment obscur; si vous mettiez votre main dans la mienne en me disant : « Ramire, je descends jusqu'à vous, j'oublie les grandeurs de mon berceau, je suis votre femme. » Oh! laissez-moi achever, senora, je sais bien que tout ceci n'est qu'un rêve... si vous me disiez cela, il me semble que je grandirais à la taille d'un géant; il me semble que chacun de mes muscles décuplerait sa force, et que mon cœur élargi enfanterait quelque dessein héroïque. Je prendrais la fortune corps à corps, je lutterais contre la destinée comme Jacob avec l'ange... et peut-être que mon nom, qui serait mon œuvre, vous rendrait un jour l'éclat du nom que vous auriez perdu...

— C'est un rêve, en effet, Ramire, murmura Isabel, car je suis la Medina-Celi!

— Faites donc votre devoir, madame, dit Mendoze qui essaya de se relever; j'irai mourir si loin de vous que vous n'entendrez pas ma dernière plainte. La main d'Isabel pesa sur son épaule et le retint à genoux. Elle avait les yeux mouillés. De suaves et caressantes tendresses se jouaient autour de ses lèvres.

— Moi aussi, j'ai fait un rêve, prononça-t-elle avec lenteur, un beau rêve qui berça bien souvent l'insomnie de mes longues nuits. La gloire de don Alphonse Perez de Guzman plane encore sur notre maison, après quatre siècles écoulés... Les filles de Medina héritent comme des hommes; elles peuvent, afin que le nom et le titre soient moins exposés à périr, transporter le titre et le nom à l'époux de leur choix; elles le peuvent; ce fut la royale gratitude d'Alphonse le Sage qui conféra au sang de Tarifa cette récompense et ce privilège. La noblesse espagnole tout entière confirma cette exception et la respecta comme une loi... Ramire, avez-vous deviné quel était mon rêve? Elle souriait dans sa douce tristesse: elle était belle à ravir les anges de Dieu.

Mendoze l'admirait et l'adorait.

— Je me voyais, reprit-elle, dans la chapelle du château de mes pères, tout habillée de blanc, et encore de blanches fleurs dans les cheveux; nous étions agenouillés ensemble sur les marches de l'autel... et le prêtre nous disait : « Soyez unis au nom du Père, du Fils et du Saint-Esprit; Isabel et Ramire... Ramire Mendoze Perez de Guzman, marquis de Tarifa, duc de Medina-Celi!... »

Mendoze porta sa main jusqu'à ses lèvres.

Elle la retira, mais ce fut pour la passer distraite et frémissante dans les boucles brunes qui couronnaient le front de son amant.

C'était, de part et d'autre, une tendre et radieuse extase. Le passé, le présent, l'avenir disparaissaient derrière la gaze rose des jeunes illusions. Le paradis doit être la prolongation de ces ravissements. Ils s'éveillèrent en sursaut parce qu'une voix sévère s'éleva tout près d'eux, disant:

— Retirez-vous ma fille et allez m'attendre dans votre appartement.

La duchesse de Medina-Celi était debout à quelques pas, la tête haute et les yeux baissés.

Isabel eut tant de honte et de frayeur qu'elle faillit tomber à la renverse.

— Mère! balbutia-t-elle pourtant, je lui disais adieu pour toujours.

— Retirez-vous, ma fille, ajouta la duchesse.

Et comme Ramire, qui s'était relevé tout

confus, prenait sa part de cet ordre, elle ajouta :
— Vous, seigneur, restez !

Il courba la tête et demeura immobile. Isabel suivait à pas pénibles le sentier qui menait à la maison. Quand elle eut tourné le coude de l'allée, la duchesse se tourna vers Ramire et le considéra longuement.

— Approchez, seigneur, dit-elle.

Ramire obéit, tout tremblant. Il tâchait de fortifier son âme pour soutenir les reproches de la mère de sa bien-aimée Isabel. Au travers de ses paupières fermées, il la voyait si courroucée et si hautaine qu'il n'osait point relever les yeux.

— Seigneur, dit-elle encore, donnez-moi votre bras. Il s'inclina et arrondit son coude. Il sentit le bras de la duchesse s'y appuyer. Elle se prit à marcher ; il la suivit machinalement, attendant toujours le terrible exode de sa philippique.

Mais elle allait en silence. Quand elle s'arrêta, elle prononça seulement d'une voix calme :

— Don Ramire de Mendoze, asseyez-vous.

Notre bachelier leva enfin les yeux. Un banc de marbre était devant lui, au milieu d'une demi-lune de verdure, dont les deux cornes étaient marquées par deux statues. Au delà des statues et derrière le banc, c'était un massif épais. La duchesse s'assit. Mendoze prit place auprès d'elle.

Il y eut encore un silence.

— Don Ramire de Mendoze, reprit Eleonor de Tolède, sauriez-vous me dire ce qu'il y a autour de l'écusson d'azur aux trois éperons d'or ?

Un soupir de soulagement s'éleva de la poitrine de notre bachelier. Figurez-vous l'oiseau captif auquel on ouvre tout à coup la porte de sa cage.

Les paroles de la devise vinrent d'elles-mêmes sur ses lèvres; mais son regard s'était levé vers la duchesse; il demeura la bouche entr'ouverte et le rouge au front.

— Madame, murmura-t-il, je me mets aux pieds de Votre Grâce... si mon amour audacieux est un crime, voici ma vie pour l'expier... mais je ne vous tromperai pas... non! les paroles s'arrêteraient dans ma gorge!...

— Ignorez-vous ce que je vous demande? insista Eleonor dont les noirs sourcils se froncèrent imperceptiblement.

— Madame, répondit cette fois Mendoze, on m'a déjà fait cette question à deux reprises, et ma réponse m'a valu confiance de deux illustres seigneurs : don Vincent de Moncade, marquis de Pescaire, et le duc de Medina-Celi, votre époux. Je sais ce que vous me demandez, mais je ne puis m'en prévaloir, parce que le hasard seul...

— Appelles-tu hasard la Providence, enfant? prononça la duchesse émue et grave.

Mendoze la regarda stupéfait.

— Qu'y a-t-il, voyons, qu'y a-t-il? insista-t-elle avec une sorte de fièvre.

— *Para aguijar a haron.*

Le front d'Eleonor s'éclaira.

— *Haro, hero, ero...* murmura-t-elle, tu es beau comme était ton père!

— Que dites-vous? s'écria Mendoze.

— C'était une fière devise, enfant!... Dieu se plaît souvent à briser notre orgueil...

Elle passa sa main sur ses tempes qui frissonnaient, et demeura un instant pensive.

Puis brusquement :

— Vous êtes brave et sans peur, n'est-ce pas don Ramire de Mendoze?

— Madame... balbutia notre bachelier.

— Est-ce un amour profond, sérieux, dévoué, que vous avez pour dona Isabel ma fille?... l'amour d'un chrétien et d'un chevalier?

— L'amour qu'on n'a qu'une fois en sa vie, madame, répliqua Mendoze, appuyant sa main contre son cœur.

— A cet amour sauriez-vous tout sacrifier?

— Mon sang et mon cœur!

— Vous le jurez?

— Sur ma foi, je le jure, madame!

Eleonor de Tolède sembla hésiter. C'était sur sa joue comme un flux et comme un reflux de rouge et de pâleur. Mendoze n'osait interroger, mais tout son être frémissait d'ardeur et d'aise. Cette femme, la mère de son adorée Isabel, était pour lui comme la madone vivante qu'on implore, et dont le culte inspire plus de tendresse encore que de respect. Au premier moment, cette apparition avait glacé le sang de ses veines. Elle était la duchesse de Medina-Celi! Pour le pauvre bachelier inconnu, sa tête ne se perdait-elle pas dans les nuages? Et que pouvait-elle faire, sinon le chasser honteusement et durement. Mais un espoir était né parmi cette crainte. Cet examen qu'on lui faisait subir devait avoir un but. Il faut le répéter: tout son être frémissait d'aise et d'ardeur à la pensée qu'on allait mettre une épée dans sa main peut-être et lui demander sa vie. C'était un beau dénouement pour la romanesque idylle de sa jeunesse. Cela lui plaisait, il voulait bien mourir ainsi.

— Madame, dit-il, — voyant que la duchesse gardait le silence, — ne doutez point de moi : je suis prêt. Dona Eleonor sembla s'éveiller de sa profonde rêverie.

— Nous vous devons déjà beaucoup, seigneur Mendoze, répliqua-t-elle ; je vous prie de bien peser mes questions, avant d'y répondre, avec réflexion, avec franchise... Connaissiez-vous le duc de Medina quand vous lui avez porté secours ?

— Toute l'Espagne connaît le bon duc, madame, repartit Mendoze ; je le respectais et je l'aimais... je ne l'avais jamais vu.

— Est-ce par hasard ou par votre volonté que vous vous êtes approché de la forteresse précisément à l'heure où le duc Hernan tentait de briser ses fers ?

— Par ma volonté.

— Alors vous étiez chargé d'une mission ?

— Non, madame... Je m'étais donné à moi-même mission de sauver le père de dona Isabel.

— Vous saviez donc ?...

— J'avais surpris, en quittant votre escorte, le secret des assassins.

— C'est bien vous qui vous êtes introduit dans la ville à la faveur de notre entrée ?

— C'est moi... je vous prie humblement de vouloir me pardonner.

— Pourquoi, connaissant le complot, ne m'avez-vous point prévenue ?

— Je suis jeune, j'ai eu sans doute trop de confiance en moi-même. La duchesse s'inclina en signe de bienveillante approbation.

— Vos réponses sont d'un gentilhomme, seigneur Mendoze... J'ai foi en vous... Quand vous avez quitté le duc, mon époux, était-il encore en danger ?

— Il était libre : il avait un cheval et une épée ?

— Et... regardez-moi en face, seigneur Mendoze, l'homme que vous avez appelé ce matin duc de Medina-Celi est-il bien celui que vous sauvâtes hier par la miséricorde de Dieu ? Une expression d'étonnement vint sur le visage de Ramiro.

— C'est le même homme, répliqua-t-il après avoir un instant réfléchi.

— Vous en êtes sûr ?

— Écoutez-moi, madame... Il y a là quelque chose qui passe ma raison et mon intelligence : hier, j'ai vu la foudre dans ces yeux qui, aujourd'hui, avaient éteint leur éclat... Hier, j'ai eu dans ma main la main d'un héros, et j'ai senti mon cœur s'exalter à ce contact ; aujourd'hui, un grand d'Espagne, fier et froid, m'a proposé une bourse... Y a-t-il un autre souffle dans cette poitrine ?... Nous ne sommes plus au siècle des malins enchanteurs... Et pourtant j'ai eu cette pensée : il y a ici quelque opération magique.

— Je vous demande votre impression, seigneur, insista la duchesse, en dehors de tout rêve et dans la rigueur de votre bonne foi.

— Madame, je vous la donnerai : c'est le même visage et c'est la même taille ; ce sont les mêmes gestes, c'est la même voix : c'est le même homme !

Eleonor de Tolède courba la tête et murmura :

— Comment les autres n'y seraient-ils pas trompés ?

— Don Ramiro, reprit-elle en fixant sur lui son regard assuré, — j'ai toute ma raison, j'ai tout mon calme en face des événements cruels qui nous menacent... Voulez-vous enlever cette nuit doña Isabel de Guzman ? Malgré le préambule qui accompagnait cette offre étrange, Mendoze ne put retenir un geste de stupeur.

— Il faut que nous nous séparions, elle et moi, poursuivit la duchesse, dont le sang-froid semblait grandir ; il faut qu'elle fuie, il faut que je combatte... Je n'ai confiance qu'en vous... Acceptez-vous, sur votre honneur, le mandat de la défendre, de l'aimer ? Et pourquoi hésiter d'être son époux si je meurs à la peine ?

Mendoze écoutait laborieusement ; il faisait effort pour comprendre ces paroles en apparence si simples et si précises. La sueur découlait de son front à grosses gouttes, et il était plus pâle qu'un mort.

— Eh bien, fit la duchesse avec une nuance de hauteur dans l'accent, j'attends !

— Senora... balbutia enfin Mendoze, je ne suis pas le jouet d'un songe, n'est-ce pas ?... vous avez bien dit : « la défendre, l'aimer ?... » Oh ! la défendre jusqu'à mon dernier souffle, et l'adorer à deux genoux !... la servir... lui vouer mon existence tout entière...

Il était prosterné devant Eleonor. Les dernières paroles tombèrent de sa lèvre comme un murmure.

— Par la Vierge sainte ! s'écria Eleonor de Tolède, ce n'est pas un soupirant énervé qu'il me faut à cette heure, don Ramire! Tenez-vous debout comme un homme. Je veux un soldat, non point un troubadour! Avant de se relever, Mendoze pressa ses mains contre sa bouche.

— Bien, cela! fit-elle en souriant; votre lèvre m'a brûlée comme un fer chaud. Vous avez de bon sang dans les veines!... Ramire, mon ami, peut-être mon fils, voici un payement que vous préférez à l'autre, n'est-il pas vrai? Je m'entends mieux que l'homme de ce matin à solder les dettes du bon duc!... La méridienne s'achève, le temps nous presse; écoutez et souvenez-vous!... Deux bons chevaux, rien que deux ; vous partirez seul ce soir, à onze heures de la nuit, à la poterne qui donne sur l'abreuvoir de Cid-Abdallah... C'est moi qui vous conduirai ma fille... Ventre-à-terre jusqu'à Llerena, où vous trouverez le premier relais!... Puis ventre-à-terre encore, et, une fois à mon château de Penamacor, courage de loin si l'ennemi se montre!... Qu'il porte la livrée du ministre, la soutane du saint tribunal, les couleurs du roi ou la cocarde du diable, défends ton droit, Mendoze, défends ton château, je te le donne, défends ta femme, tu l'auras conquise!... . . .

. . . .
Au fond de ce massif épais qui entourait le banc de marbre, Encarnacion s'appuyait à un arbre, don Juan de Haro, comte de Palomas, était couché sur la mousse.

— Sont-ils partis? demanda le comte.
— Ils sont partis, répondit la suivante.
Le comte se leva et rétablit paresseusement la symétrie de sa toilette.

— Que penses-tu de cela, toi, mignonne ? fit-il du bout des lèvres.

— Je pense que l'aventure est étrange, répliqua la soubrette ; et je pense encore que, si j'étais homme, je me ferais tuer pour cette femme-là, monseigneur.

Don Juan bâilla.

— J'ai cru qu'ils n'en finiraient pas, dit-il ; — le rustre a été parfait de sottise et de gaucherie... L'as-tu vu mettre la main sur son incommensurable épée ? J'avais envie d'aller quérir un paon rôti, sur un plat de fer-blanc, pour qu'il fît le serment de don Quichotte !... Or çà, belle enfant, voici ma dernière bague... à onze heures précises, Diègue Solaz et douze alguazils seront cachés derrière l'abreuvoir... je me charge de la douce Isabel. Si le rustre échappe au trébuchet, tu es responsable, et je t'engage à faire ton testament... Si le rustre est pris au piège, tu auras les cent onces d'or promises par l'audience, et cent autres sur ma cassette... À ce soir (1) !

FIN

(1) L'épisode qui suit *le Roi des Gueux*, a pour titre *la Maison de Pilate*.

TABLE

DU TOME DEUXIÈME

	Pages
I. — Entre Chien et Loup...	1
II. — La Chambre des sortiléges...	3
III. — Aventures de Bobazon...	17
IV. — Le Maragat...	40
V. — Danse de corde...	61
VI. — Précieux attelage...	84
VII. — Mère et Fille...	107
VIII. — La Porte secrète...	139
IX. — Réparation d'honneur...	163
X. — Trasdoblo chez le roi...	187
XI. — L'Arc d'Ulysse...	212
XII. — La Porte secrète...	240
XIII. — Double rendez-vous...	262

Imprimerie de Poissy — S. Lejay et Cie.

www.ingramcontent.com/pod-product-compliance
Lightning Source LLC
Chambersburg PA
CBHW070756170426
43200CB00007B/804